Découvrez l'histoire par les archives de presse

RETRONEWS

Le site de presse de la BnF

www.retronews.fr

SOCIÉTÉ DES TRADITIONS POPULAIRES

AU PALAIS DU TROCADÉRO

ANNUAIRE

DES

TRADITIONS POPULAIRES

PARIS

MAISONNEUVE & CH. LECLERC
25, QUAI VOLTAIRE

ÉMILE LECHEVALIER
39, QUAI DES GRANDS-AUGUSTINS

MDCCCLXXXVIII

ANNUAIRE

DES

TRADITIONS POPULAIRES

TROISIÈME ANNÉE. — 1888

PUBLICATIONS

DE LA

SOCIÉTÉ DES TRADITIONS POPULAIRES

Revue des Traditions populaires, tome I, année 1886. 1 vol.
in-8° raisin de IV-407 p. avec musique gravée. . . . .   15 fr.
(Il ne reste plus qu'un petit nombre d'exemplaires.)

Tome II, année 1887. 1 vol. in-8° raisin de 596 p. . .   15 fr.

Annuaire de la Société des Traditions populaires, année 1886.
1 vol. in-18 de 36 p. (épuisé).

Annuaire de la Société des Traditions populaires, année 1887.
1 vol. in-8° écu de XXX-184 p. . . . .   3 fr. 50.

Instructions et Questionnaires. (Extrait de l'Annuaire de 1887).
in-8° écu de 80 p.   2 fr.

La troisième année de la *Revue* est en cours de publication
et paraît tous les mois par fascicules de 48 à 64 p. in-8° raisin
avec musique et illustrations.

La *Revue* est envoyée gratuitement aux sociétaires. Pour les
non-sociétaires, le prix de l'abonnement est de 15 francs
(17 francs pour l'étranger).

*Les abonnements, rigoureusement payables au comptant, par-
tent du 25 Janvier. Ils sont reçus chez* M. A. CERTEUX, *trésorier,
167, rue Saint-Jacques, et dans tous les bureaux de poste.*

*La Correspondance, les Manuscrits (écrits sur un seul côté),
les Livres, les Tirages à part et les Périodiques doivent être
adressés à M. Paul Sébillot, Secrétaire général de la* SOCIÉTÉ DES
TRADITIONS POPULAIRES, *4, rue de l'Odéon.*

STATUTS

DE LA

Société des Traditions populaires

Article premier. — La Société française des Traditions Populaires a pour objet l'étude et la publication de l'ensemble de la Littérature orale, en y comprenant les Superstitions, les anciennes Coutumes, et tous les sujets qui se rattachent à ces questions.

Art. 2. — La cotisation annuelle est de quinze francs, payables au trésorier, dans le courant de janvier.

On pourra se libérer de la cotisation moyennant un versement de 150 francs.

Chaque membre recevra gratuitement les publications ordinaires de la Société.

Art. 3. — Le bureau de la Société se compose d'un Président, de trois Vice-Présidents, d'un

Secrétaire général, de deux Secrétaires et d'un
Trésorier.

Tous les membres du Bureau devront jouir de
leurs droits civils et civiques.

Un comité élu statuera sur les admissions, ainsi
que sur toutes les affaires de la Société. Il se
composera de 25 membres, dont 20 domiciliés à
Paris et 5 en province.

Un ou plusieurs Présidents honoraires pourront
être choisis parmi les membres de la Société.

Le bureau et le comité sont soumis chaque
année à l'élection; ils sont rééligibles.

Art. 4. — Une assemblée générale se tiendra
chaque année au mois de janvier. Elle élira les
membres du bureau et des comités. Dans cette
Assemblée seront apurés les comptes et dépenses
de la Société.

Art. 5. — Une publication périodique paraitra
sous le titre de : *Revue des Traditions populaires.*
Les articles de cette revue seront rédigés par
une Commission de sept membres élus à l'Assemblée générale et rééligibles.

RÈGLEMENT

Société des Traditions populaires

TITRE PREMIER. — DES ASSEMBLÉES GÉNÉRALES

Tenue des Séances

Article premier. — Chaque fois qu'une Assemblée générale devra avoir lieu, tous les membres de la Société seront convoqués à domicile.

Art. 2. — A l'heure indiquée par la lettre de convocation, le Président, un des vice-Présidents, ou, à défaut, le doyen d'âge des membres présents, occupe le fauteuil et déclare la séance ouverte.

Art. 3. — Lecture est donnée de la correspondance, et les sujets à l'ordre du jour sont mis en délibération, suivant l'ordre indiqué dans les lettres de convocation.

Art. 4. — L'Assemblée générale désignera son Bureau et ses Comités par scrutin de liste et à la majorité relative des votants.

Art. 5. — Lors du renouvellement annuel du Bureau et des Comités, tous les membres de la Société sont invités à voter, soit par correspondance, soit en assistant à l'Assemblée générale.

Le comité central, dans sa réunion de décembre, dressera des listes pour guider le choix des sociétaires.

TITRE II — FONCTIONS DU BUREAU

§ I. — Président

Art. 6. — Le Président représente la Société dans ses rapports avec l'autorité. Il fait connaitre à celle-ci les changements qui se produisent dans la composition du bureau.

Il surveille et assure la bonne exécution des statuts, du règlement intérieur et des décisions prises par les Comités.

Il convoque chaque année les Sociétaires en Assemblée générale pour le renouvellement du Bureau et des Comités.

Il peut également en cas d'urgence, et après décision du Comité central, réunir en Assemblée générale les sociétaires présents à Paris.

Il vise, pour paiement, les notes présentées par tous les créanciers de la Société.

Le Président de la Société est président de droit des Comités et des Commissions de la Société.

Il adresse chaque année à l'autorité compétente le compte rendu moral et financier de l'association, ainsi que la liste des membres.

§ II. — Secrétaire général

Art. 7. — Le Secrétaire général reçoit, dépouille et rédige la correspondance de la Société.

Il prépare l'ordre du jour des séances de concert avec le président.

Il a la parole immédiatement après l'adoption du

procès-verbal, pour communiquer à la Société les pièces de la correspondance.

Il est chargé de la publication de la Revue.

§ III. — *Secrétaires*

Art. 8. — Les secrétaires doivent seconder le Secrétaire général et le Trésorier.

En cas d'absence ou d'empêchement quelconque du Secrétaire général, celui-ci peut être suppléé par l'un des secrétaires.

§ IV. — *Trésorier*

Art. 9. — Le Trésorier perçoit les recettes de la Société.

Il paye les créanciers sur mandats visés par le Président.

Chaque année, il fournit sur l'exercice clos, un rapport dont lecture est donnée à l'Assemblée générale.

Il établit en prévision le budget pour l'année suivante.

Il donne quittance aux sociétaires de leur cotisation annuelle et dispose à vue sur les retardataires.

A l'expiration du premier semestre, il remet au Président, pour être soumise au Comité central, la liste des membres qui n'auraient pas encore payé leur cotisation.

En cas d'empêchement, un membre, délégué par le Comité central, suppléera le Trésorier.

Art. 10. — Le Bureau fait partie de droit des Comités et des Commissions.

TITRE III. — COMITÉ CENTRAL

Art. 11. — Les questions administratives, personnelles, réglementaires, et en général toutes les questions qui ne sont pas purement scientifiques, sont examinées et résolues dans les séances du Comité central.

Art. 12. — Le Bureau du Comité central est le même que celui de la Société.

Art. 13. — Les membres du Comité central qui, sans être en congé ou sans justifier de leur absence, manqueront à deux séances consécutives du Comité, seront, . après avertissement préalable, considérés comme ne faisant plus partie du Comité.

Art. 14. — Les procès-verbaux des séances du Comité n'étant pas destinés à être publiés, sont transcrits par les soins du Secrétaire général sur un registre spécial qui reste toujours déposé dans les Archives.

Art. 15. — Le Comité central pourvoit provisoirement aux vacances qui pourraient se produire dans le Bureau et les Comités.

Art. 16. — Le Comité central se réunit régulièrement quatre fois par an, en février, mars, mai et décembre.

Art. 17. — Sur la demande de cinq membres, transmise au Président, le Secrétaire général convoque extraordinairement les membres du Comité central.

TITRE IV. — COMMISSION DE RÉDACTION

Art. 18. — La Commission de Rédaction est chargée de la publication de la *Revue des Traditions populaires*. Ses droits sont absolus, sauf appel au Comité central. Elle décide, ajourne ou refuse l'impression des travaux qui lui sont envoyés et détermine l'ordre de leur publication. Elle s'entend avec les auteurs pour les modifications, les coupures et les suppressions qui lui paraissent opportunes. Elle publie les analyses des ouvrages qui lui sont adressés.

Art. 19. — Le Secrétaire général est, de droit, secrétaire de la Commission de rédaction.

TITRE V. — BULLLETIN DE LA SOCIÉTÉ

Art. 20. — Le Bulletin de la Société a pour titre : *Revue des Traditions populaires.*

Art. 21. — Le Bulletin publie les travaux admis par la Commission de rédaction.

Art. 22. — En dehors de son Bulletin, la Société publie tous les ans un fascicule supplémentaire qui contient : la liste des membres, les statuts et règlements de la Société, le compte-rendu du Trésorier et le projet de budget de l'année suivante (1).

Art. 23. — Le Bulletin de la Société parait tous les mois, par les soins du Secrétaire général.

Art. 24. — Le Bulletin et le fascicule supplémentaire sont adressés gratuitement aux sociétaires.

Art. 25. — Les envois gratuits et les échanges sont autorisés par le Comité central.

Art. 26. — Les membres de la Société qui désireraient au moins 25 exemplaires d'un numéro du Bulletin, les paieront au prix de revient, à condition toutefois qu'ils en fassent la demande avant le tirage au Secrétaire général.

TITRE VI. — ABONNEMENTS A LA REVUE

Art. 27. — Le prix d'abonnement à la *Revue des Traditions populaires*, est provisoirement fixé à *quinze* francs pour la France; pour l'étranger, cette somme sera augmentée des frais de poste.

Art. 28. — L'abonnement est payable d'avance à la caisse du Trésorier de la Société, qui en délivre quittance.

1. On trouvera ces documents dans le numéro de février de la *Revue.*

TITRE VII. — BUDGET DE LA SOCIÉTÉ

Art. 29. — Les ressources de la Société se composent ;
    1° Du produit des cotisations ;
    2° Des dons faits à la Société ;
    3° Des subventions ou souscriptions ;
    4° De la vente du Bulletin et de toutes les autres publications de la Société ;
    5° Du produit des concerts et des conférences ;
    Une autorisation spéciale devra être demandée en temps utile à l'autorité compétente pour chaque fête ou soirée organisée par la Société et comportant l'admission de personnes étrangères ;
    6° Du produit de la vente, aux sociétaires, d'un diplôme qui pourra être institué.

Art. 30. — Lorsque l'état des finances de la Société le permettra, les dons manuels et autres libéralités, faits dans la même forme, ainsi que les rachats de cotisations, seront capitalisés.

Art. 31. — Les fonds sont employés :
    1° A la publication, en lui donnant la plus grande extension possible, de la *Revue des Traditions populaires* ;
    2° Aux frais de location d'une salle pour les séances de la Société et des Comités ;
    3° Généralement à toutes les dépenses de la Société.

TITRE VIII. — ADMISSIONS

Art. 32. — Toute demande d'admission devra être adressée par écrit au Président et appuyée par deux membres de la Société.

Art. 33. — Les admissions sont prononcées par le Comité central.

TITRE IX. — DÉMISSIONS

Art. 34. — Toute démission devra être adressée par écrit au Président de la Société qui en fera donner avis au Trésorier par le Secrétaire général.

Art. 35. — Tout membre qui, dans le délai qui lui sera fixé par le Comité central, n'aura pas payé sa cotisation annuelle, sera considéré comme démissionnaire.

TITRE X. — MODIFICATIONS

Art. 36. — Toute modification au présent règlement ne pourra être faite que par suite d'une délibération de l'Assemblée générale annuelle, sur la proposition du Comité central. Elle ne pourra être mise en vigueur sans avoir été au préalable soumise à l'approbation de l'autorité compétente.

Art. 37. — En cas de dissolution, la liquidation s'opérera selon les règles du droit commun.

BUREAU ET COMITÉS POUR 1888

Présidents honoraires : MM. Xavier MARMIER.
Frédéric MISTRAL.
Ernest RENAN.
Vicomte Hersart de la VILLEMARQUÉ.

Président : M. Charles PLOIX.

Vice-Présidents : MM. Michel BRÉAL.
Loys BRUEYRE.
E.-T. HAMY.

Secrétaire général : M. Paul SÉBILLOT.

Secrétaires : MM. Lionel BONNEMÈRE.
Louis FARGES.

Trésorier : M. Alphonse CERTEUX.

COMMISSION DE RÉDACTION

MM. Félix FRANK.
GIRARD DE RIALLE.
N. QUELLIEN.
Félix RÉGAMEY.

MM. Raoul ROSIÈRES.
Léon SICHLER.
Julien TIERSOT.

COMITÉ CENTRAL

MM. d'Arbois de Jubain-
    ville.
Émile Blémont.
Prince Roland Bona-
    parte.
Lionel Bonnemère.
Bourgault-Ducou-
    dray.
Michel Bréal.
Loys Brueyre.
Alphonse Certeux.
Henri Cordier.

MM. Louis Farges.
Girard de Rialle.
Dr Ernest Hamy.
Charles Leclerc.
Gaston Paris.
Charles Ploix.
Comte de Puymaigre.
Raoul Rosières.
Paul Sébillot.
Paul Topinard.
Julien Vinson.

MEMBRES NE RÉSIDANT PAS A PARIS

MM. J.-F. Bladé.
Emm. Cosquin.
Charles Joret.
F.-M. Luzel.
Achille Millien.

MEMBRES

DE LA

Société des Traditions populaires

15 avril 1888

ABGRALL (abbé J.-M.), aumônier de l'hospice, Quimper, Finistère. (*Traditions et chansons de la Basse-Bretagne.*)

AMSTERDAM (Hollande), La Bibliothèque de l'Université.

ANCONA (Alessandro, d') professeur à l'Université de Pise. Italie. (*Traditions et poésies populaires.*)

ANDREWS (J.-B.), villa Pigautié, à Menton, Alpes-Maritimes. (*Traditions populaires mentonnaises.*)

ANGELLIER (Auguste), professeur de littérature anglaise à la faculté des Lettres de Lille. rue d'Arras, Douai, Nord. (*Poésies populaires de l'Écosse.*)

ANTONOVITCH, professeur à l'Université de Kiew, Russie, (*Traditions populaires des Petits-Russiens.*)

ARANA (D. Vicente de) Calle Ercilla y Henao, Bilbao Espagne, (*Tradiciones Euskaras.*)

ARBOIS DE JUBAINVILLE (d') membre de l'Institut, 84, boulevard Montparnasse (1).

1. Lorsqu'il n'y a pas de désignation de ville après le nom de rue, il s'agit de Paris.

Arène (Paul), homme de lettres, 20, rue de Verneuil.

Arnaudin (Félix) à Labouheyre, Landes. (*Traditions populaires des Landes.*)

Aya (Emmanuel), 11, rue Saint-Sulpice. (*Traditions de la Colombie.*)

Basset (René), professeur à l'École supérieure des Lettres, 22, rue Randon, Alger. (*Folk-lore musulman.*)

Bazan (Madame Emilia Pardo), Présidente del Folk-lore Gallego, La Corogne, Espagne.

Beauclair (Henry), homme de lettres, 26, rue de l'Université.

Beaufeu (Pierre) artiste-peintre, 10, rue de Berlin.

Beauquier (Charles), député, 166, rue de Grenelle. (*Chansons populaires de la Franche-Comté.*)

Beauregard (Olivier), 3, rue Jacob.

Beauvais (Armand), artiste-peintre, 18, rue Denfert-Rochereau, (*Traditions du Berry.*)

Bernard (Augustin), 8, rue Malebranche. (*Chansons populaires.*)

Bernès, professeur au Lycée de Douai, 37, rue de Bellain, à Douai, Nord.

Bézier, inspecteur primaire, 1, rue Leperdit, à Rennes, Ille-et-Vilaine (*Traditions populaires d'Ille-et-Vilaine.*)

Bibesco (Le prince), 69, rue de Courcelles.

Bladé (J.-F.), correspondant de l'Institut, cours Saint-Antoine, à Agen, Lot-et-Garonne. (*Traditions populaires de la Gascogne.*)

Blanchard (Dr Raphaël), professeur agrégé à la Faculté de Médecine, 32, rue du Luxembourg.

Blémont (Émile), homme de lettres, 16, rue d'Offémont.

Bogisic (V.), professeur à l'Université d'Odessa, 71, rue des Saints-Pères. (*Folk-lore juridique.*)

Bonaparte (Prince Roland), 22, Cours-la-Reine.

Bonnemère (Eugène), publiciste, 9 bis, rue de Moscou.

Bonnemère (Lionel), 47, rue Notre-Dame-de-Lorette. (*Traditions bretonnes, amulettes.)*

Bourchenin (Daniel). 7, rue Moisson-Desroches, Boulogne, Seine. (*Traditions populaires du Sud-Ouest.*)

Bourgault-Ducoudray, professeur au Conservatoire de musique, 16, villa Molitor, Paris-Auteuil. (*Musique populaire.*)

Boutet de Monvel, artiste-peintre, 17, rue Rousselet.

Bovet (Alfred), Valentigney, par Audincourt, Doubs.

Bréal (Michel), membre de l'Institut, 15, rue Soufflot.

Boissaud (Dr E.) Professeur agrégé à la Faculté de Médecine, 19, quai Voltaire.

Brueyre (Loys), membre de Folk-lore Society, 9, rue Murillo. (*Folk-lore de l'Angleterre et des pays créoles.*)

Brunet (Victor), 69, rue Girard, Vire, Calvados. (*Traditions populaires du Bocage normand.*)

Bulliot (J.-G.), président de la Société Eduenne, à Autun, Saône-et-Loire.

Caix de Saint-Amour (Vicomte de), membre de la Commission des Monuments historiques, 4, rue Gounod.

Cambourg (Le baron de), vice-président de la Société des études coloniales et maritimes, 83, rue Lauriston.

Cannizzaro (T.), 160, via dei Verdi. Messine, Sicile. (*Chansons et traditions siciliennes.*)

Cérésole (Le pasteur Alfred), Vevey, canton de Vaud, Suisse. (*Traditions de la Suisse romande.*)

Cerf (Léopold), éditeur de la *France merveilleuse et légendaire*, 13, rue de Médicis.

Cerquand (J.-F.), inspecteur honoraire de l'Université, Avignon. Vaucluse. (*Traditions populaires basques.*)

Certeux (Alphonse), membre de la Société historique algérienne, 167, rue Saint-Jacques. (*Folk-lore algérien.*)

Champion (Honoré), Libraire spécial pour l'histoire de France, 9, quai Voltaire.

Charencey (Comte de), 3, rue Saint-Dominique. (*Mythologie américaine.*)

Charton (Édouard), sénateur, 31, rue Saint-Martin, Versailles, Seine-et-Oise.'

Chausson (Ernest), compositeur de musique, 12, boulevard de Courcelles. (*Mélodies populaires.*)

Chenevière (H.), docteur ès-lettres, 30, rue Bassano. (*Folk-lore du* xvie *siècle.*)

Chervin (Arthur), directeur de l'Institut des Bègues, 82, avenue Victor Hugo.

Claretie (Jules), de l'Académie française, administrateur de la Comédie Française, 10, rue de Douai.

Colleville (Vicomte de), secrétaire général de la Préfecture des Basses-Alpes, Digne, Basses-Alpes.

Collot (Léon), 2, rue de Turbigo.

Cook (James-W.), Wentworth House, Snaresbrook, Essex, Angleterre.

Cordier (Henri), professeur à l'École des Langues orientales, 3, place Vintimille. (*Traditions populaires de la Chine.*)

Cornu (J.), professeur à l'Université de Prague, Salmgasse, 9, Prague, Autriche-Hongrie. (*Traditions de la Suisse romande.*)

Corot (Henry), rue Lepelletier-de-Chambure, à Dijon. (*Traditions populaires de la Côte-d'Or.*)

Cosquin (Emmanuel), à Vitry-le-François, Marne. (*Contes populaires comparés.*)

Davidson (Thomas), 339, High street, Edimbourg, Écosse.

Decombe (Lucien), ancien président de la Société d'archéologie, 13, rue de l'Embarcadère, Rennes. (*Chansons populaires de l'Ille-et-Vilaine.*)

Delagrave, (Charles) éditeur, rue Soufflot, 15.

Deloncle (François), consul général, 12, rue Galilée.

Demeuldre (Amé), notaire à Soignies, Belgique. (*Traditions du Hainaut.*)

Deniker (J.), membre de la Société d'Anthropologie, 53, avenue des Gobelins. (*Traditions populaires des Mongols.*)

Desmoulin (A.), 166, faubourg Poissonnière.

Desprez (Paul), secrétaire d'Ambassade, 5, rue Viller-
sexel.

Desrousseaux (A.), chansonnier lillois, 48, rue Jacque-
mars-Giélée, à Lille. (*Coutumes populaires du Nord.*)

Destriché (Mme veuve), Château-du-Loir, Sarthe. (*Traditions du Maine.*)

Dorez (Léon), homme de lettres, 36, boulevard Saint
Germain.

Dozon (A.), correspondant de l'Institut, 56, rue de la
Paroisse, à Versailles. (*Folk-lore des pays Slaves.*)

Durieu (Victor), professeur au Collège libre de Juilly,
Seine-et-Marne.

Dussaud (Adrien), 10, place de la Salamandre, Nimes,
Gard.

Duval (Louis), archiviste de l'Orne, Alençon, Orne. (*Traditions populaires de la Normandie et de la Marche.*)

Duyse (Van), 4, rue Laurent-Delvau, Gand, Belgique.
(*Mélodies populaires.*)

Errington de la Croix, 105, rue de Rennes.

Ethnographie (le Musée d'), Palais du Trocadéro.

Eudel (Paul), critique d'art, 9, rue Victor Massé. (*Art
populaire.*)

Faligan (Ernest), docteur ès-lettres, 11, quai d'Anjou.
(*Traditions et légendes comparées.*)

Farges (Louis), sous-chef du bureau Historique au
Ministère des Affaires étrangères, 36, rue Vaneau.
(*Traditions de l'Auvergne.*)

Feilberg (H. F.), pasteur, Darum ved Bramminge,
Danemarck. (*Traditions danoises.*)

Fertiault (F.), 21, rue Clauzel. (*Traditions de la Bourgogne.*)

Finamore (Dottore Gennaro), Lanciano, Abruzzi, Italie.
(*Traditions populaires des Abruzzes.*)

FITZGERALD (D.), 3, Porten-Road, Hammersmith, Londres. (*Folk-lore des pays Celtiques,*)

FLEURY (Jean), lecteur à l'Université de Saint-Péters-bourg, 33, rue des Officiers, à Saint-Péterbourg, Russie. (*Traditions populaires de la Basse-Norman-die.*)

FONTAINE (Louis), à Pont-d'Aisy, par Précy-sous-Thil, Côte-d'Or. (*Traditions populaires de la Bourgogne.*)

FOSTER (J.-J.), Honorary secretary of *Folk-lore Society.* 36, Alma Terrace, S. John's Wood, Londres, Angleterre.

FOURCAUD (B. de), homme de lettres, 20, rue des Apen-nins.

FRANCK (Georges), professeur au lycée d'Amiens, 6, rue Cozette, Amiens, Somme.

FRANK (Félix), Contrôleur central des finances de la ville de Paris, 16, rue des Fossés Saint-Jacques. (*Littéra-ture orale du XVIᵉ siècle*).

FRAZER (James-J.), Trinity college, Cambridge, Angleterre.

FRÉMINE (Charles), rédacteur au *Rappel*, 72, rue d'Assas.

GALLET (Louis), Directeur de l'hôpital Lariboisière, rue Ambroise Paré.

GIFFARD (Pierre), homme de lettres, les Grottes, Maisons-Laffite, Seine-et-Oise.

GILLIÉRON (J.), professeur à l'École des Hautes-Études, 3, rue Saussier-Leroy. (*Traditions de la Suisse ro-mande, Patois.*)

GIRARD DE RIALLE, directeur des Archives au Ministère des Affaires étrangères, 1, place Pereire. (*Mythologie comparée.*)

GITTÉE (Auguste), professeur à l'Athénée royal, rue Allard, Mascinelle-lez-Charleroi, Belgique. (*Traditions populaires de la Belgique.*)

GRANDMOUGIN (Charles), homme de lettres, 11, boulevard Gouvion-Saint-Cyr.

GREGOR (Le Rev. Walter), The Manse, Pitsligo, Fraser-burgh, Aberdeenshire, Écosse. (*Folk-lore de l'Écosse.*)

Gréville (Mᵐᵉ Henry), 68, rue Blanche.

Grossi (Le Pʳ Vincenzo), au Musée égyptien de Turin et à Pollone (Biela) Italie. (*Folk-lore ethnographique, Traditions de l'Italie.*)

Guichot y Sierra (Alejandro), éditeur, Calle Teodosio, à Séville, Espagne. (*Traditions populaires de l'Andalousie.*)

Guieysse (Paul), maitre de conférences d'Egyptologie à l'école des Hautes-Études. 42, rue des Écoles.

Guillaumet (Édouard), 20, rue de Verneuil. (*Poésie populaire.*)

Guyot-Daubès, rédacteur à la *Nature*, 166, boulevard Montparnasse.

Hamonic (Émile) artiste-peintre, Moncontour, Côtes-du-Nord. (*Traditions des Côtes-du-Nord.*)

Hamy (Dʳ Ernest), conservateur du musée d'Ethnographie, 40, rue de Lubeck.

Hanotaux (Karl), 7, rue d'Obligado.

Harmand, consul général de France à Calcutta, Indes anglaises.

Harou (Alfred), lieutenant au 5ᵉ de ligne, Anvers, Belgique. (*Traditions populaires de Belgique.*)

Hartland (E.-E.), 7, Rutland street, Swansea, South-Wales, Grande-Bretagne.

Hasdeu (Bogdano, Petriceicu), membre de l'Académie roumaine, directeur des Archives royales, rue Mikaiu-voda, Bukarest, Roumanie.

Havard (Oscar), rédacteur au *Monde*, 49, rue Cler. (*Traditions de la Normandie.*)

Hercouet (Charles), médecin de la Marine, 9, rue Casimir-Delavigne. (*Traditions polynésiennes.*)

Hercouet (Henri), 9, rue Casimir-Delavigne.

Herpin (Eugène), juge suppléant, Vannes, Morbihan.

Hins (Eugène), professeur à l'Athénée royal, Charleroi, Belgique.

HOLMÈS (Melle Augusta), 40, rue Juliette-Lamber.

HOVELACQUE (Abel), membre du Conseil municipal de Paris, 38, rue de Luxembourg.

HUMBERT (Georges), 56, Boulevard de la Liberté, Lille, Nord.

INDY (Vincent d'), compositeur de musique, 7, avenue de Villars. (*Mélodies populaires.*)

JAMETEL (Maurice), professeur à l'École des Langues orientales, 29, rue Franklin. (*Traditions populaires de la Chine.*)

JEMAÍN (Joseph), 83, rue Demours.

JORET (Ch.), professeur à la Faculté des Lettres, 5, rue Saint-Michel, à Aix, Bouches-du-Rhône. (*Traditions de Normandie. Flore populaire.*)

KARLOWICZ (Jean), rue Wlodzimierska, 16, Varsovie, Pologne. (*Folk-lore polonais.*)

KATONA (Louis), Fünfkirchen, Hongrie. (*Traditions et superstitions magyares.*)

KŒHLER (Reinhold), Bibliothécaire, Weimar, Hesse-Darmstadt. (*Contes populaires comparés.*)

KRAFFT (Hugues), 84, boulevard Malesherbes.

KRAUSS (Dr Friedrich S.), Neustiftgasse 12, Vienne, Autriche. (*Traditions et Ethnographie des Slaves du Sud.*)

KROHN (Kaarle), Helsingfors, Finlande. (*Traditions Finnoises.*)

LABORDE (Marquis Joseph de), archiviste aux Archives nationales, 8, rue d'Anjou-Saint-Honoré.

LACH-SZYRMA, Saint Peter's Vicarage, Newlyn, Penzance, Angleterre. (*Folk-lore de l'Ouest de l'Angleterre.*)

LACUVE (R.-M.), instituteur, membre de la Société des Sciences des Deux-Sèvres, à Saint-Marc-la-Landè, Deux-Sèvres. (*Traditions populaires du Poitou.*)

Lamy (Ernest), 113, boulevard Haussmann.

Landes (A.), administrateur des Affaires indigènes de
Cochinchine, Saint-Céré, Lot. (*Traditions populaires
Annamites.*)

Landrin (Armand), conservateur du Musée d'Ethnographie,
13, rue des Réservoirs. (*Art populaire.*)

Lang (Andrew), 1, Marloes road, Kensington, Londres.
(*Mythologie et contes populaires comparés.*)

Launay (Gontard de), 14, rue de Bel Air, Angers, Maine-
et-Loire. (*Traditions de l'Anjou.*)

Lebrun (Henri), 16, rue de Vaugirard.

Le Calvez, instituteur, Le Loscouët-sur-Meu, près Merdri-
gnac, Côtes-du Nord. (*Traditions du pays de Tréguier.*)

Leclerc (Charles), éditeur des *Littératures populaires*,
25, quai Voltaire.

Lecœur (Jules), pseudonyme de M. Jules Tirard.

Lemoine (Camille), juge de paix, Château-Chinon, Nièvre.

Leroux (Ernest), éditeur de la *Collection de Contes et
Chansons populaires*, 28, rue Bonaparte.

Le Roy (Albert), Conseiller de préfecture de Seine-et-
Oise, rue de Monceau.

Leser (Paul), publiciste, 16, rue Stanislas.

Lloyd (Miss Lucy Catherine), Clarens (Suisse).

Loiseau (Georges), secrétaire de la Société d'émulation,
Bourg, Ain.

Lot (Le préfet du), Cahors, Lot.

Loyzon (J.), 74, boulevard Saint-Germain.

Luzel (F.-M.), archiviste du Finistère, Quimper. (*Chansons
et contes populaires de la Basse-Bretagne.*)

Mac Culloch (sir Edgar) bailli de Guernesey, Guernesey,
Iles Anglo-Normandes. (*Traditions populaires de
Guernesey.*)

Machado y Alvarez, publiciste, calle Santa-Engrencia,
42, Madrid, Espagne. (*Traditions populaires de l'Espagne.*)

Magitot (D'), ancien président de la Société d'Anthropologie, 8, rue des Saints-Pères. (*Légendes et superstitions relatives aux déformations ethniques.*)

Malécot (D' Achille), Directeur de la *Médecine pratique*,
16, rue Daunou.

Mariéton (Paul), directeur de la *Revue félibréenne*, 9, rue
Richepanse.

Marmier (Xavier), membre de l'Académie française, 2, rue
Saint-Thomas-d'Aquin.

Martin (Félix , pasteur à Bienne, canton de Berne, Suisse.

Martinengo (Mme la comtesse Cesaresco), palazzo Martinengo, Lago di Garda, Salo, Italie. (*Chansons populaires d'Italie.*)

Marty, Médecin-major au 1er Bataillon d'Afrique. Le
Kreider près Oran.

Maspero (G.), membre de l'Institut, 24, avenue de l'Ob-
servatoire. (*Mythologie égyptienne.*)

Massenet (Jules), membre de l'Académie des Beaux-Arts,
33, rue du Général Foy.

Mauricet (D' Alphonse), correspondant de l'Académie,
de médecine, place de la Halle-aux-Grains, à Vannes,
Morbihan.

Maxwell, Secretary of the Straits Branch of the Asiatic
Society, à Singapour, Indes anglaises. (*Folk-lore des
Malais.*)

Meyrac (Albert), rédacteur en chef du *Petit Ardennais*
Charleville (Ardennes). (*Traditions des Ardennes.*)

Millien (Achille), homme de lettres, Beaumont-la-Ferrière,
Nièvre. (*Traditions populaires du Nivernais.*)

Mistral (Frédéric), à Maillane, par Graveson, Bouches-
du-Rhône. (*Traditions de la Provence.*)

Mont (Pol de), professeur à l'Athénée royal, 5, van Geers-
traat, à Anvers, Belgique. (*Folk-lore des Pays-Bas*).

Morel-Retz (L.), (Stop du *Journal Amusant*), artiste
peintre, 47, rue de Clichy.

Mortillet (G. de), député, à Saint-Germain-en-Laye,
Seine-et-Oise.

Mumby (Everitt), esquire, Capitaine au 3e Bataillon de
volontaires, Portland-Place, Gosport, 2, Hampshire,
Angleterre.

Naquet (Félix), 17, rue de Lancry.
Neveux (Pol), 79, boulevard Montparnasse.
Ney (Le Commandant Napoléon), président du Racing-
Club, 7, rue Bastiat. (*Folk-lore militaire.*)
Normand (Charles), secrétaire général de la Société des
Monuments parisiens, directeur de *l'Ami des Monu-
ments*, 51, rue des Martyrs.
Nutt (Alfred), 270, Strand, à Londres, Angleterre.

Paris (Gaston), membre de l'Institut, 110, rue du Bac.
(*Contes populaires comparés.*)
Parker (James), esquire, Broad street, Oxford, Angleterre.
Paumier (Félix), architecte, 34, avenue de Villiers.
Paysant (Louis), préfet du Lot, Cahors, Lot.
Pedraza, (O.-V.), membre du Sénat de l'Université de
Bombay, secrétaire de la Société d'Anthropologie de
Bombay, Bombay, Indes anglaises.
Penavaire (J.-G.), compositeur de musique, 21, rue
Notre-Dame de Lorette. (*Mélodies populaires.*)
Petitfrère (Réné), artiste-peintre, 167, rue Saint-
Jacques.
Piazza (Henri), rédacteur à l'*Événement*, 3, rue d'Alençon.
(*Chansons populaires.*)
Pierre (Constant), compositeur de musique. 15, faubourg
Poissonnière. (*Mélodies populaires.*)
Pineau (Léon), 33, rue de l'Alma, Tours, Indre-et-Loire.
(*Traditions du Poitou.*)
Plantet (Eugène), attaché au Ministère des Affaires
étrangères, 198, boulevard Saint-Germain.
Ploix (Ch.), ancien président de la Société de Linguistique,
1, quai Malaquais. (*Mythologie comparée.*)
Pommerol (Dr), Gerzat, Puy-de-Dôme. (*Traditions de
l'Auvergne.*)

Prato (Stanislao), professeur au Lycée Broggia di Lucera, Italie. (*Contes populaires comparés.*)

Prym, professeur à l'Université de Bonn Allemagne.

Puymaigre (Comte de), 17, rue de l'Université. (*Chants populaires du pays Messin.*)

Quarré-Reybourbon (L.), boulevard de la Liberté, Lille, Nord.

Quatrefages (de), membre de l'Institut, 36, rue Geoffroy-Saint-Hilaire.

Quellien (N.) attaché au Ministère des Affaires étrangères, rue d'Assas, 58. (*Chansons populaires de la Basse-Bretagne.*)

Rabot (Charles), 11, rue de Condé. (*Traditions de la Scandinavie et de la Laponie.*)

Ralston (W.-R.), 3, Alfred Place, Bedford square, Londres, Angleterre. (*Folk-lore de la Russie.*)

Ranse (de), membre de la Société d'Anthropologie, 85, avenue Montaigne.

Régamey (Félix), artiste-peintre, 6, rue Coëtlogon.

Renan (Ernest), membre de l'Académie française, au Collége de France, rue des Écoles.

Rhoné (Arthur, correspondant de l'Institut égyptien, 10, rue du Pré-aux-Clercs.

Richepin (Jean), homme de lettres, 26, rue Denfert.

Ristelhuber (P.), 7, rue de la Douane, Strasbourg, Alsace-Lorraine. (*Traditions populaires de l'Alsace.*)

Roger-Marx, critique d'Art, 24, rue Saint-Lazare.

Rosières (Raoul), homme de lettres, à Meulan, Seine-et-Oise. (*Traditions populaires du Moyen Age.*)

Rott (E.), secrétaire d'Ambassade, 21, rue Pierre Charron.

Rouch (Alma), Marengo, Algérie. (*Mélodies populaires.*)

Rousselet (Louis), directeur du *Journal de la Jeunesse*, 126, boulevard Saint-Germain.

Rousseau (Albert), 18, rue Montmartre.

Stop, pseudonyme de Morel-Retz.

Tarrieux (Réné de), 168, boulevard Saint-Germain.

Tausserat (A), attaché au Ministère des Affaires étrangères, 2, rue de Fleurus. (*Chansons populaires.*)

Tcheng-ki-tong (le général), attaché militaire à l'ambassade de Chine, 1, place Victor Hugo. (*Contes populaires chinois.*)

Thulié (Dᵈ, ancien président de la Société d'Anthropologie, 31, boulevard Beauséjour.

Tibal, professeur d'arabe, 37, rue Rovigo, Alger.

Tirard (Jules), propriétaire à Condé-sur-Noireau, Calvados. (*Traditions du Bocage normand.*)

Tiersot (Julien), sous-bibliothécaire au Conservatoire de musique, 6, rue des Beaux-Arts. (*Mélodies populaires.*)

Topinard (Dʳ Paul), Directeur de la *Revue d'Anthropologie*, 105, rue de Rennes.

Truffier (Jules), de la Comédie française, 9, rue Bergère.

Ujfalvy (J. de), 37, rue de Passy. ·

Varat (Charles), 7, boulevard de la Madeleine.

Viardot (Mᵐᵉ Pauline), 243, boulevard Saint-Germain.

Vasconcellos (Leite de), Cadaval, Portugal. (*Folk-lore du Portugal.*)

Vigon (Braulio), correspondant de la Real Academia espanola de la Historia, Colunga, Asturies, Espagne. (*Traditions populaires des Asturies, superstitions, jeux de l'enfance.*)

Villemarqué (Vicomte Hersart de la), membre de l'Institut, à Keransker, près Quimperlé, Finistère. (*Chansons populaires de la Basse-Bretagne.*)

Vingtrinier (Aimé), bibliothécaire de la Ville, 32, rue Neuve, à Lyon. (*Traditions du Lyonnais et de la Bresse.*)

Vinson (Julien), professeur à l'École des langues orientales, 5, rue de Beaune. (*Folk-lore du pays basque et de l'Inde.*)

WEBSTER (Wentworth), maison Bechiena, à Sare, Basses-
Pyrénées (*Contes populaires basques.*)
WISSENDORFF (Henri-Zimcièn), Moïka n° 17. app. 8, à
Saint-Pétersbourg, Russie. (*Folk-lore des Lettons.*)
WITT (Mᵐᵉ H. de. — née Guizot), 83, boulevard Haussmann.

XAU (Ferdinand), homme de lettres, 54, rue de la Victoire.

YVES-GUYOT, député, 95, rue de Seine.

ZANETTI (Zeno), Perugia, Italie (*Médecine populaire.*)
ZMIGRODZSKI (Michel de), Sucha près Cracovie, Gallicie.

SOCIÉTAIRES DÉCÉDÉS

LOUIS DE RONCHAUD † en 1887, (sociétaire depuis la
fondation.)
PAUL HERCOUET † en 1888, (sociétaire depuis la fondation.)

LA TENTATION D'ADAM ET D'ÈVRE

Réduction d'une gravure sur bois du XVIe siècle, non signée.

(*Collection* PAUL SÉBILLOT)

C'EST LA FAUTE D'ADAM !

(Conte de la Basse-Bretagne.)

L y avait une fois un pauvre fermier breton et sa femme, qui vivaient péniblement du produit de leur ferme. Ils se donnaient beaucoup de mal et réussissaient peu, si bien que l'homme, qui se nommait Fanch·Kerborz, avait l'esprit aigri et murmurait constamment contre le sort, ou plutôt contre Adam, sur qui il rejetait toute la faute. Aussi, répétait-il, chaque fois que quelque malheur lui arrivait à lui ou à ses voisins :

— C'est la faute d'Adam ! Si Adam avait voulu n'être pas si curieux, et ne pas manger la pomme, nous ne serions pas malheureux de la sorte et obligés de gagner notre pain, à la sueur de notre front !...

Et jamais il ne disait :

— S'il plaisait à Dieu, ou si c'était la volonté de Dieu.

Un jour qu'il s'était blessé à la main gauche, avec sa faucille, en coupant du trèfle pour les chevaux, il s'en revenait à la maison, en maugréant et en répètant son éternel refrain :

— C'est la faute d'Adam ! si Adam avait voulu ne pas être si curieux !...

Lorsqu'il rencontra sur sa route un vieillard à barbe blanche et qui lui était inconnu.

— Vous vous êtes blessé à la main, mon brave homme ? lui dit le vieillard, en l'abordant.

— Oui, répondit Fanch, avec ma faucille, en coupant de l'herbe pour les chevaux, et c'est bien malheureux pour moi, car je ne pourrai travailler de longtemps, et j'ai femme et enfants, et je ne suis pas riche, loin de là.

Mais, c'est la faute d'Adam ! si Adam avait voulu, cela ne me serait pas arrivé...

— Et comment Adam peut-il être la cause de votre malheur.

— S'il avait voulu ne pas être si curieux et ne pas manger la pomme, nous ne serions pas obligés de gagner notre pain à la sueur de notre front, moi et mes semblables.

Le vieillard pansa la plaie du fermier, en appliquant dessus des herbes qu'il cueillit au bord du chemin, et le sang, qui coulait abondamment, s'arrêta aussitôt; puis il dit :

— Si vous voulez suivre mon conseil, vous ne serez plus obligé de travailler, pour vivre à l'aise, vous et votre famille.

— Je ne demande pas mieux, répondit Fanch ; que me faudrait-il faire pour cela ?

— Peu de chose ; voici : Quand vous arriverez à la maison, vous verrez une écuelle renversée sur la bouche, sur le chambranle de la fenêtre qui est près de votre lit ; laissez-la ainsi, sans essayer de savoir ce qu'il y a dessous, et vous ne manquerez de rien, pendant que vous observerez ma recommandation.

— Ce n'est que cela ?

— Ce n'est que cela.

Et le vieillard disparut alors, et Fanch Kerborz regagna sa chaumière et fit part à sa femme de son aventure et du conseil et des promesses de l'inconnu. Ils se promirent d'observer rigoureusement le conseil. A partir de ce moment, tout leur réussissait à souhait, si bien qu'ils devinrent riches, en peu de temps.

L'écuelle resta pendant six ans à la même place, sans avoir été soulevée, malgré la tentation qu'on avait éprouvée, maintes fois, de voir ce qu'il y avait dessous.

Au bout de ce temps, un jour, la femme de Fanch, n'y tenant plus, dit à son mari :

— Il faut voir ce qu'il y a sous l'écuelle.

— Vous savez bien, femme, qu'on nous l'a défendu, et ce qu'on nous a prédit, si nous cédions à la curiosité.

— Bast ! à présent que nous sommes riches, nous n'avons plus tant à nous inquiéter de cette prédiction ; et puis, nous ne soulèverons que très légèrement le bord de l'écuelle, seulement assez pour voir ce qu'il y a dessous, et le vieillard n'en saura rien; d'ailleurs, on ne l'a pas revu dans le pays, depuis que vous l'avez rencontré, pour la première fois, et il n'y reviendra sans doute pas.

Fanch ne répliqua pas; sa femme souleva légèrement et avec de grandes précautions le bord de l'écuelle, et aussitôt un petit oiseau s'en élança, qui s'envola par la fenêtre C'était leur bonne chance qui les quittait.

Les deux époux se regardèrent, tout ébahis.

— Nous avons mal fait! dit Fanch, après un moment de silence.

A partir de ce jour, rien ne leur réussissait plus : ils perdirent leur bétail, dans une épidémie; un orage détruisit toute leur récolte; un incendie consuma leur habitation avec tout le mobilier; enfin, leur fils ainé fut mordu par un chien enragé et devint enragé lui-même, si bien qu'il fallut l'étouffer entre deux couettes. En moins d'un an, ils furent réduits à leur situation première.

Fanch rencontra alors le vieillard inconnu, dans le même chemin où il l'avait vu la première fois.

— Vous avez regardé ce qu'il y avait sous l'écuelle, lui dit l'inconnu.

— Hélas! oui, pour mon malheur; mais c'est la faute de ma femme; c'est elle qui est cause que l'oiseau s'est envolé.

— Il ne fallait pas la laisser faire; mais vous étiez aussi curieux qu'elle de savoir ce que cachait l'écuelle.

Vous disiez sans cesse : « C'est la faute d'Adam ! si Adam n'avait pas été si curieux, nous ne serions pas si malheureux, sur la terre, et obligés de gagner notre pain, à la sueur de notre front ! » Eh bien, vous pourrez à présent, vous faire le même reproche que vous adressiez auparavant à Adam, et dire que c'est votre faute à vous-même.

Ayant ainsi parlé, le vieillard disparut.

Qui était-ce ? Adam, sans doute ; à moins que ce ne fût le bon Dieu lui-même.

Conté en breton par Marguerite Philippe, à Plouaret, septembre 1836.

Recueilli et traduit par F.-M. LUZEL.

PASSANT PAR PARIS

1

Passant par Paris,
Vidant ma boûtcille
Un de mes amis
M'a dit à l'oreille
Bon, bon, bon.
Le bon vin m'endort
Et l'amour m'y réveill' encor

II

Un de mes amis
M'a dit à l'oreille
— Prends bien garde à toi
L'on poursuit ta belle.

III

Prends bien garde à toi
L'on poursuit ta belle
— Poursuit qui voudra
Je n' m'en soucie guère.

IV

J'ai eu de son cœur
La fleur la première.

V

J'ai couché trois ans
La nuit avec elle.

VI

Dans de beaux draps blancs
Garnis de dentelles.

VII

En ai trois enfants
Sont trois capitaines.

VIII

L'un est à Bordeaux
L'autre à la Rochelle.

IX

Moi je reste ici
A caresser ma belle
Bon, bon, bon.
Le bon vin m'endort
Et l'amour me réveill'encor.

Chanté par Baptiste Lapert, matelot (Saint-Valery-en-Caux).

La chanson de matelots que nous publions ci-dessus a inspiré à un de nos poëtes quelques vers qu'il nous a paru intéressant d'y joindre. Nous sommes évidemment en présence de la « vieille chanson normande » dont Louis Bouilhet a utilisé « les débris », on va voir avec quel art, dans ses *Dernières chansons*. Son Lied Normand, d'une allure très franche et très populaire, a conservé les traits les plus caractéristiques de notre chanson. D'ailleurs, l'ami préféré du grand écrivain, Gustave Flaubert, normand comme lui, dut entendre plus d'une fois cette chanson dans la bouche des marins de Saint-Valery-en-Caux. Il était né à trois lieues de là, à Cauy, et y revint fréquemment dans la suite; toute la joyeuse bande littéraire, y compris le bon géant Gustave;

passait souvent les vacances chez un ami commun,
M. Guérard, sur cette côte de la Seine-Inférieure. Les
belles filles d'alors :

> ..... bien vieilles, au soir, à la chandelle
> Assises près du feu, dévidant et filant

se souviennent peut-être encore de ces gentils écoliers,
qui les menaient au bois « cueillir des noisettes. »

LIED NORMAND

(Reconstruit avec les débris d'une vieille chanson normande)

> Sous le chèvrefeuil
> Je vidais bouteille
> Trois amis en deuil
> M'ont dit à l'oreille :
>
> —Eh bon ! bon ! bon ! qu'on nous verse encor !
> Le vin, c'est du sang ! —le cidre de l'or !
>
> — Prends bien garde à toi
> Ou te fauche l'herbe.
> — Je n'ai pas d'effroi
> J'ai rentré ma gerbe !
>
> — Eh bon ! bon ! bon ! etc...,
>
> Il prend son cheval
> Sa bride et sa selle
> Et court, par le val,
> Au seuil de la belle.
>
> — Eh bon ! bon ! bon ! etc...,
>
> Y trouve un garçon
> Qui faisait ripaille,
> Lequel eut frisson
> De peur de bataille.
>
> — Eh bon ! bon ! bon ! etc...,

    — Reste désormais
Près de cette femme;
Tu n'auras jamais
L'orgueil de mon âme!

— Eh bon! bon! bon! etc...,

    — Au fond de son cœur
J'ai cueilli naguère
Une belle fleur
Qu'on ne trouve guère.

— Eh bon! bon! bon! etc...,

    — J'ai couché trois ans,
La nuit avec elle,
Dans de beaux draps blancs,
Garnis de dentelle.

— Eh bon! bon! bon! etc...,

    — Reste et sois joyeux!
J'ai trois enfants d'elle;
L'un est à Bayeux,
L'autre à la Rochelle!

— Eh bon! bon! bon! etc...,

    — Le troisième, ici.
Dessous les charmilles!
Fait tout son souci
De courir les filles!

— Eh bon! bon! bon! etc...,

    — Reste, beau vainqueur!
Moi qui suis leur père,
J'ai noyé mon cœur
Au fond d'un grand verre!

— Eh bon! bon! bon! etc...,

Augustin Bernard.

LE PAYSAN

ᴜɴ paysan avait dans son jardin de l'herbe à foison. Un lièvre y vint à plusieurs reprises et mangea beaucoup d'herbe. Cela déplut au paysan; il posa alors une chausse-trappe, prit le lièvre et le porta au marché pour le vendre. En arrivant à la ville, il rencontra un Turc qui lui demanda :

— Combien coûte ce lièvre?

Le paysan répondit :

— Trois groschen (24 Kreutzer d'Autriche)

Le Turc les paya et dit :

— Porte le lièvre à la maison.

Le paysan comprit qu'il devait porter le lièvre chez lui, et s'en revint à sa maison, joyeux, avec le lièvre. Le lendemain il s'en retourna à la ville avec le lièvre et rencontra un autre Turc, qui lui demanda :

— Combien coûte ce lièvre ?

— Trois groschen.

Le Turc lui donna les trois groschen et dit :

— Porte le lièvre à la maison.

Et derechef le paysan porta le lièvre à sa maison. Le troisième jour il revendit encore le lièvre à un Turc. Mais survinrent les deux autres Turcs qui lui dirent :

— Paysan, pourquoi n'as-tu pas porté le lièvre à la maison, comme nous te l'avions dit ?

Le paysan répondit :

— J'avais dans l'idée que vous me disiez de porter le lièvre à la maison chez moi !

Là-dessus les Turcs lui réclamèrent leur argent, mais le paysan n'en voulait rien leur donner.

Alors les Turcs allèrent chez le Kadi pour accuser cet homme. Mais le paysan chercha aussitôt un avocat, lui raconta de point en point toute l'histoire et promit de lui payer tel prix qui lui conviendrait, s'il lui donnait un moyen de se montrer blanc comme neige devant le juge.

L'avocat dit :

— Veux-tu me donner un traîneau plein de bois ?

Le paysan répondit :

— De tout cœur. Donne-moi seulement un bon conseil.

Alors l'avocat lui dit :

— Quoi que Kadi te demande, réponds à tout en criant : Baer ? (en slave : megjed = bée.)

Les gendarmes menèrent le paysan devant le Kadi, qui lui demanda :

— As-tu vendu à ces personnes un lièvre?

Le paysan répondit :

— Baer!

— Quel prix t'ont-ils donné pour ce lièvre? demanda le Kadi :

Le paysan dit : Baer!

— As-tu remporté le lièvre chez toi?

— Baer!

Le Kadi répéta les questions à haute voix mais le paysan criait toujours :

— Baer, Baer!

Enfin le Kadi lui demanda :

— Es-tu fou?

A quoi le paysan répondit :

— Baer!

Le Kadi se leva et mit le paysan à la porte. Le paysan revint content à la maison. A quelques jours de là l'avocat le rencontra dans la ville, l'appela et lui demanda :

— Eh bien! où est mon traineau plein de bois?

Le paysan cria : Baer.

Alors l'avocat chercha à lui expliquer qu'il ne lui avait appris à dire « Baer » que pour pouvoir se présenter devant le Kadi; le paysan ne se laisse pas déconcerter, mais continue à crier :

— Baer, Baer!

Bref l'avocat lui dit en colère:

— Je te fais cadeau de ton bois et de tout. File vite!

Alors le paysan s'en retourna sans souci chez lui et ne paya rien à personne.

FRIEDRICH S. KRAUSS.

Traduit de l'allemand par LÉON SICHLER.

Le thème de ce conte, dit M. Krauss, est bien connu en France : il figure dans la seconde partie de Maitre Pathelin, comédie du xvᵉ siècle, restée célèbre à juste titre. Selon toute apparence. il a dû passer de France en Dalmatie par l'Italie et de là en Bosnie, à moins que, ce qui est plus vraisemblable, il n'ait été importé par les matelots italiens à Constantinople et par les Turcs ensuite chez les Slaves des Balkans.

LES TROIS PIGEONS BLANCS

CHANSON DE LA HAUTE-BRETAGNE

A la claire fontaine,
Douce vierge Marie,
A la claire fontaine,
Trois pigeons blancs s'y baignent.

Ils s'y sont tant baignés,
Douce vierge Marie.
Ils s'y sont tant baignés
La fontaine est tarie.

Ils ont prins leur volée,
Douce vierge Marie.

Ils ont prins leur volée
Sur la tour de Paris.

On dit que c'est trois anges,
Douce vierge Marie.
On dit que c'est trois anges
Qui vont z-en Paradis.

Bourgault-Ducoudray et Paul Sébillot.

LES LAVANDIÈRES DE NUIT

ona Keroual, femme d'un pêcheur de l'Aber Wrac'h, revenait un soir du bourg de Landéda où elle s'était attardée à un repas de baptême. Il pouvait bien être dix heures, peut-être davantage. Elle pressait le pas un peu épeurée de se trouver seule par la nuit noire sur une route déserte. Pourtant, à en juger par un bruit de battoirs qui parvenait jusqu'à elle, le lavoir de Bellevue ne devait pas être encore abandonné. La fin de quelque grande lessive, sans doute. Pour faire tout ce tapage il fallait, pour sûr, plusieurs paires de bras. Elle allait trouver à qui parler. Et pan, pan, pan! et pan, pan, pan! les battoirs de redoubler d'entrain, à mesure qu'elle approchait.

— Tiens, c'est toi, Mona? fit une voix, quand elle fut arrivée en face du lavoir, — viens donc nous donner un coup de main!

— Ce n'est pas de refus, répondit-elle.

Une femme dont elle ne pouvait voir le visage, tant l'obscurité était profonde, s'avança vers elle avec un grand drap blanc tout ruisselant d'eau dans les mains.

Et Mona, après avoir relevé ses manches, ôté son tablier et un brin retroussé son jupon, se mit bravement à prendre l'un des bouts du linge qu'on lui présentait.

— Bien tendu, tordons maintenant !

— Bellement, bellement, vous tirez fort et secouez rude ; comme vous y allez, commère !

— Ne tourne pas du même côté que moi ; non... non... dans l'autre sens, te dis-je.

— Mais je ne puis vraiment, je me sens les mains comme engourdies.

— Etreins, étreins !

— Impossible.

— Et d'où viens-tu donc, que tu ne sais plus aller ni à *huc* ni à *dia*, et que te voilà toute alanguie ?

— Mais, du baptême au fillot de Claude Kermaïdic ; est-ce que vous n'avez pas ouï sonner les cloches.

— Ah ! s'écrièrent les laveuses, toutes ensemble, en se levant et en menaçant la pauvre femme de leurs battoirs.

— Silence ! vous autres et à vos places ! reprit la première.

Puis, s'adressant à Mona, qui la vit grandir de deux bonnes coudées :

— Tu es bien heureuse d'avoir fait connaissance avec nous à si peu de frais ! N'eût été l'innocent que tu as porté tantôt à l'église et qui m'enlève tout pouvoir sur toi cette nuit, je t'aurais appris à tordre, détordre et retordre et je t'aurais si bien tordue, détordue, retordue que jamais débrouilleur d'écheveaux emmêlés n'aurait été capable de débrouiller ce que j'aurais fait de toi. Va-t'en dormir maintenant, si tu le peux, mais ne te retrouve jamais sur mon chemin!

La pauvre Mona Keroual éprouva un tel saisissement qu'elle faillit mourir sur la place. Quand elle revint à elle, au petit jour, elle tremblait de tous ses membres, et ce tremblement ne la quitta jamais complètement, tant qu'elle vécut.

Dieu vous garde de rencontrer les lavandières de nuit.

Raconté à l'Aber-Wrac'h, en 1868, par Louis Pochord, garçon meunier.

L. F. SAUVÉ.

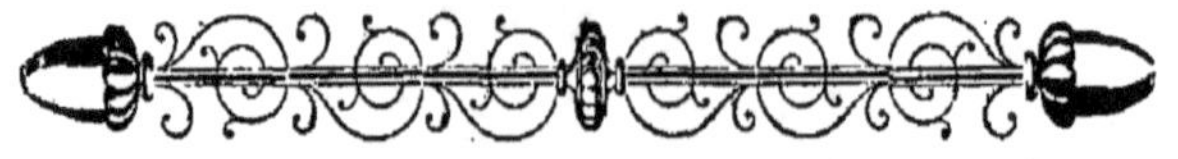

LA FEMME ENTÊTÉE

CONTE RUSSE

Un moujik venait de raser sa barbe :

— Regarde, dit-il à sa femme, comme je me suis rasé proprement.

— Ça rasé ? c'est seulement tondu !

— Tu mens, canaille ! dis que c'est rasé.

— Non, c'est tondu !

— Je vais te mettre en pièces ; dis que c'est rasé !

— Non, tondu !

Le mari administre une volée à sa femme et répète :

— Dis que c'est rasé ou je te noie !

— Fais ce que tu veux, mais c'est tondu !

Il entraîne sa femme pour la noyer :

— Dis que c'est rasé.

— Non, c'est tondu !

Il la pousse dans le gouffre jusqu'au col et lui plonge et replonge la tête :

— Dis que c'est rasé.

La femme ne peut plus parler mais elle lève une main hors de l'eau et avec deux doigts fait signe que c'est tondu. (1)

Recueilli par Aphanassief.

Traduit par Léon Sichler.

1. Voir le journal « La vie Franco-Russe illustrée. » n° 6, 24 Mars 1888.

HI-NU ET LE NIAGARA

Pour échapper à ses parents qui voulaient la contraindre à épouser un vieillard hideux, une jeune Indienne se lança dans un canot sur les rapides du Niagara.

Hi-Nu, dieu de la foudre et de la pluie, qui protège aussi les moissons, demeurait dans une caverne sous la cataracte; il eut pitié de la jeune fille, étendit ses ailes et la sauva au moment où le canot disparaissait dans le gouffre.

La jeune fille vécut longtemps dans la caverne du dieu qui lui enseigna nombre de secrets, et entre autres la cause des fièvres qui décimaient son village. Un serpent monstrueux qui se nourrissait de cadavres humains empoisonnait les sources, afin d'avoir toujours un garde-manger bien garni.

Lorsque Hi-Nu apprit que le vieil amoureux de la jeune fille était mort, il la renvoya parmi les siens. Elle leur apprit la cause de leurs malheurs, et d'après ses conseils le village se transporta sur le bord du fleuve. Mais le serpent suivit

les Indiens, et recommença ses travaux sou-
terrains. Hi-Nu alors le frappa de plusieurs traits
de foudre qui le tuèrent non sans peine.

Le serpent était si énorme qu'une fois jeté à
l'eau, il encombrait tout le Niagara. Son corps
entrainé par le courant s'arrêta sur le bord de la
chute, semblable à une montagne, et les eaux
l'escaladaient, s'élevant à une hauteur prodi-
gieuse. Finalement le poids de cette masse écra-
sa les rochers qui s'éboulèrent, et c'est depuis
lors que la cataracte est en forme de fer à cheval.

Mais les fièvres ont disparu des environs.

HENRY GRÉVILLE.

LES SEPT BROUETTÉES DE CIERGES

CONTE DU NIVERNAIS

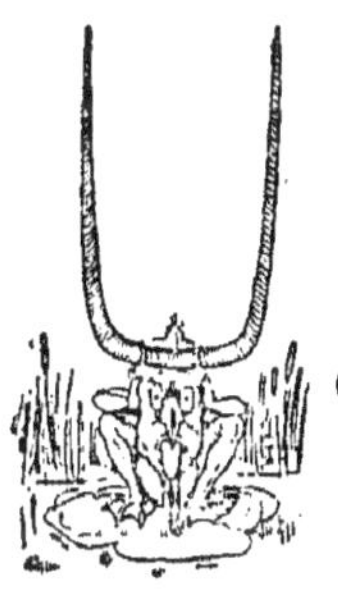

NE femme disait un jour en confession :

— Mon père, je m'accuse d'avoir trompé mon mari.

— Et l'avez-vous trompé plus d'une fois, ma fille ?

— Oui. mon père.

— Combien de fois ?

La femme réfléchit quelques instants, puis :

— Je ne pourrais vous le dire en ce moment, j'ai besoin d'y penser.

— Eh bien ! pensez-y cette nuit et, demain matin, vous apporterez à l'église autant de cierges que vous avez commis de foi l'action dont vous vous accusez.

Le lendemain, à l'heure où le curé montait à l'autel pour dire la messe, la femme arriva à la porte de l'église. Elle poussait devant elle une brouette chargée de cierges et, à chaque tour que la roue faisait, cette roue mal graissée

criait, criait... si bien que le curé, impatienté
d'entendre ce bruit, retourne la tête vers la porte
en disant : chut! chut!

— Il n'y a pas de chut! chut! qui tienne,
répondit la femme; j'ai encore à amener sept
brouettées comme celle-ci!

*Conté par Charles Lesort, né à Saint Andelain
(Nièvre) en 1827.*

ACHILLE MILLIEN.

J'AI DORMI LA MATINÉE

CHANSON

J'ai dromi la màtenia
A l'ombra d'on boissonnet.

Quand ze mé sa riveillia,
Z'ai fait un joli boquet (*bis*).

Ze mé sa en allo a la lita
Va se men aimant y est (*bis*).

Tôt en entrant à la fila,
Z'ai vieu men aimant danché (*bis*).

Z'ai mis la man chu l'épòla,
M'a relevo son bonnet (*bis*).

— Commò donc Jonna ma mia,
Vo faro parlo dé nos (*bis*).

— Laicho parlo, laicho dire,
Laicho parlo que veudra (*bis*).

Maugrési la zalousia,
Z'améra qué m'amera.

TRADUCTION

J'ai dormi la matinée — à l'ombre d'un buissonnet.
Quand je me suis réveillée, — j'ai fait un joli bouquet.
Je m'en suis allée à la fête — voir si mon amant y est.
Tout en entrant dans la fête, — j'ai vu mon amant danser.
Je lui ai mis la main sur l'épaule, — il m'a levé son bonnet.
— Tenez-vous donc tranquille, Jeanne ma mie, — vous ferez parler de nous.
— Laissons parler, laissons dire, — laissons parler qui voudra.
Malgré la jalousie, — j'aimerai qui m'aimera.

Recueilli dans le pays de Revermont (Ain).

JULIEN TIERSOT.

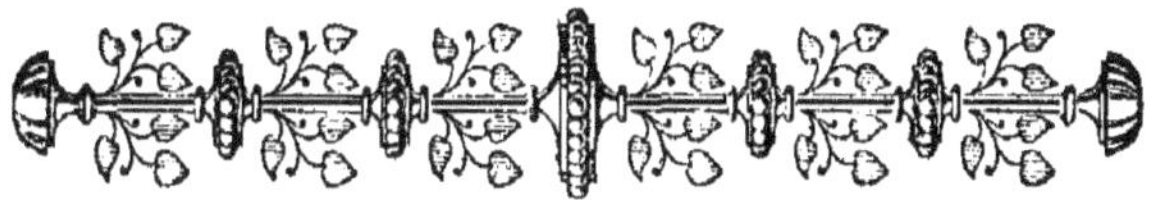

LA PAIX DU MÉNAGE

E manche à balai était sur-
nommé jadis, *la paix du
ménage,* parce que les maris,
particulièrement dans le peu-
ple, en faisaient un fréquent
usage pour se faire obéir des
femmes acariâtres, pares-
seuses ou punir celles qui
avaient été légères au point
d'avoir *rôti le balai.*

Mais il faut dire que si les hommes s'étaient
octroyé le privilége de faire caresser le dos de
leur tendre moitié par messire Bâton, il y avait
bien des ménages où c'était la femme qui usait
du procédé sur l'échine de son époux!

Dans d'autres pays que le nôtre, en Allemagne
par exemple, où la schlague (1) est encore en hon-

1. Pendant la dernière guerre, un médecin des ambu-
lances, dont je pourrais donner le nom, a vu un jour, à
Reims, un officier allemand, tout petit, se faire apporter
un tabouret, monter dessus afin de se trouver au niveau
d'un grand et solide gaillard qui était au port d'arme en
tête du rang de son peloton, et appliquer de toute sa
force un soufflet à ce soldat qui le reçut sans broncher.

neur les conjoints n'étaient pas seuls à se servir réciproquement du manche à balai; des citoyens se chargeaint au besoin de rétablir la paix dans les ménages par le même moyen. C'est ainsi que dans le Wurtemberg, m'a raconté un habitant de Berne, les paysans choisissaient parmi eux un homme respectable, auquel ils décernaient la fonction de *datte* (dans la Suisse allemande ce mot patois signifie *père*); celui-ci faisait choix à son tour de deux de ses électeurs, parmi ceux qui lui paraissaient les plus aptes à l'aider dans ses fonctions et les chargeait de se mettre au courant de ce qui se passait dans l'intérieur des ménages.

Après s'être bien assuré qu'il régnait de la mésintelligence entre deux époux, le *datte*, accom-

pagné de ses acolytes, se rendait pendant la nuit devant la demeure du couple désuni et frappait à la porte. A la question : Qui est là? il répondait

d'une voix sombre : C'est le *datte!* puis il se re-
tirait. S'il apprenait que les époux continuaient
à faire mauvais ménage, malgré son premier
avertissement, il retournait frapper de nouveau
comme la première fois. Mais, à la troisième, il
entrait inopinément dans la maison avec ses aides
et châtiait les coupables à coups de bâton.

Mais les *dattes* ayant trop souvent usé et abusé
de leur pouvoir, le Gouvernement fut obligé d'a-
bolir cet usage, — il y a près d'un siècle, dit-on.

Et de même, en France, une loi charitable a
été édictée pour protéger les faibles contre les
coups de bâton et de manche à balai.

Malgré cela, comme il y a toujours des gens
qui cherchent à faire revivre les anci nnes modes,
on a essayé plus d'une fois de revenir à celle de
la paix du ménage. Je me souviens d'un couplet

populaire, en vogue il y a quelque vingt-cinq ans
(air connu) et qui conseillait ainsi les maris :

> J'ai pour tous les maris jaloux, loux, loux,
> loux, loux, loux, loux, loux, loux, loux, (14 fois).
> Un remède simple et bien doux, doux, doux,
> doux, doux, doux, doux, doux, doux, (14 fois).
> Si votre femme vous faisait...

> D'zim, ba da boum, ba da boum, ba da boum.
> Prenez-moi le manche à balai
> Ah! Ah! Ah! Ah!

A une époque récente, il n'y avait plus guère
que les portières parisiennes, les *pipelettes*, qui

transgressaient la loi en appuyant leurs argu-
ments à coups de balai, et encore n'était-ce pas
uniquement pour mettre leurs maris à la raison.
Le précieux ustensile de ménage, — ce cadeau
symbolique, ô ironie du sort! que toute mère
faisait à sa fille en la mariant — s'égarait jour-
nellement sur les reins de n'importe qui : bêtes
ou gens; il est bon de constater, pour être juste,

que les prêtresses du Cordon s'escrimaient vo-
lontiers entre elles, et à tout propos, pour se faire
la main.

Ce type de *portières mégères* semble avoir disparu tout à fait depuis l'agrandissement de la Capitale, ses embellissements et l'installation de loges luxueuses à l'usage des concierges dans les nouvelles maisons.

Le XIXe siècle pourra revendiquer au nombre de ses titres de gloire, celui d'avoir rendu le balai à sa destination.

A. CERTEUX.

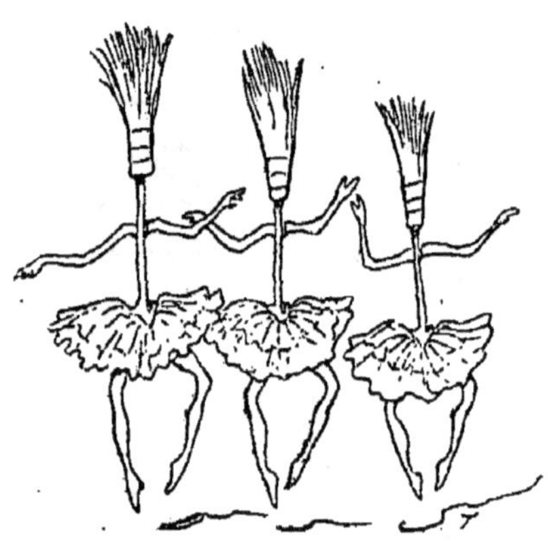

BIBLIOTHÈQUE FOLKLORIQUE

DE M. LOYS BRUEYRE

M. Loys Brueyre n'a pas besoin d'être présenté à nos
lecteurs, nous pouvons dire à nos amis. Il est connu de
tous ceux qu'intéresse l'étude du Folk-lore par ses livres :
Contes populaires de la Russie traduits de Ralston, Contes
populaires de la Grande-Bretagne, et par de nombreux
articles notamment dans Mélusine et dans notre *Revue*.
— Il a surtout étudié les contes créoles et les contes de
l'Angleterre.

On retrouve le nom de M. Brueyre associé à la plupart
des tentatives faites pour développer en France le goût
des études de Folk-lore. C'est en partie à lui que ce mot
doit, chez nous, ses lettres de naturalisation. En 1882,
de concert avec M. Paul Sébillot, il organisa le diner
de ma Mère l'Oye, et il a, pour une large part, contribué
à la fondation de la Société des Traditions populaires,
dont il est l'un des vice-présidents. En 1886, Folk-lore
Society rendait hommage à ses travaux en le nommant,
quoiqu'étranger, membre de son comité.

M. Brueyre, qui est érudit et bibliophile, a fait une
collection importante de livres de Folk-lore. Elle est
surtout riche en ouvrages anglais, et on chercherait
vainement à la Bibliothèque nationale et ailleurs plusieurs de ceux qui figurent dans sa collection.

Nous en publions ci-après le catalogue, dressé par
M. Brueyre qui veut bien mettre à la disposition des

membres de la Société des Traditions populaires, les volumes qui y sont inscrits : la seule condition qu'il y attache et qui est une mesure d'ordre, consiste à demander qu'un ouvrage prêté ne soit pas gardé plus d'un mois.

P. S.

CATALOGUE

des ouvrages relatifs aux Traditions populaires

au Folk-lore, à la Mythologie, etc. (1)

Abrégé de l'Origine de tous les Cultes, par *Dupuis*. — 1 vol. in-8°, Chassériau, 1822.

Affinité des langues celtiques, par *Pictet*. — 1 vol. in-8°, 1837.

Affinité de quelques légendes américaines avec celles de l'Ancien Monde, par *H. de Charencey*. — Broch.

Algérie Traditionnelle, par *Certeux et Carnoy*. — in-8°. Maisonneuve, 1884.

Almanach des Traditions populaires. — Maisonneuve. Années 1882, 1883, 1884.

Ane d'Or d'Apulée, précédé du Démon de Socrate, traduction *A. Laury*. — 2 vol., 1822, (plusieurs autres éditions).

---

1. Lorsque le nom de l'ouvrage n'est pas suivi du nom de la ville où il est publié, c'est que Paris est le lieu de publication.

Annuaire des Traditions populaires. — Maisonneuve. Années 1886-87-88.

Anthropologie, par le *D* *Topinard*. — Reinwald,
1876.

Archivio per lo Studio delle Tradizioni popolari.
— Depuis l'origine; Palerme, 1882.

Argot des Nomades en Basse-Bretagne, par
Quellien. — Maisonneuve, 1886.

Aryanisme, par *J. Oppert*. — Brochure, 1866.

Asgard and the Gods, by *Macdonald*. — 1 vol.,
London, 1880.

Auswald Norwegischen Volksmarchen, par *Asbjornsen*. — 1 vol., Leipzig, 1881. (Le même
ouvrage en danois édité à Copenhague).

Authenticité des Chants du Barzaz-Breiz (De l'),
par *Luzel*. — Saint-Brieuc, Brochure, 1872.

Avadanas, traduction *Stan. Julien*. — 3 vol.
in-12, Dupret, 1859.

Aventures merveilleuses de Fortunatus. — 1 vol.
in-4°, Jouaust, 1887.

Baital Pachisi, traduction par *Oesterley*. — 1 vol.,
Leipzig, 1870.

Ballades et chants populaires de l'Allemagne,
traduction par *Séb. Albin*. — 1 vol., Gosselin, 1846.

Banks of the Boro (The), par *P. Kennedy*. —
London, 1867.

Bannu or our Afghan Frontier, par *Thornburn*.
— 1 vol. in-8°, London, 1876.

Barzaz-Breiz, Chants populaires de la Bretagne
par le vicomte *Hersart de la Villemarqué*. —
1 vol., Didier, 1867.

Basque Legends, par *Wentworth Webster*. —
1 vol., London, 1877.

Bibliographie des traditions et de la littérature
populaire d'Alsace, par *Gaidoz et Sébillot*. —
Strasbourg, 1883.

Bibliographie des traditions et de la littérature
populaire de la Bretagne, par *Gaidoz et Sébillot*. — Tirage à part de la *Revue celtique* 1882.

Bibliographie des traditions et de la littérature
populaire des Français d'outremer, par *Gaidoz
et Sébillot*. — Maisonneuve, 1886.

Bidasari, poème malais, par *L. de Backer*. —
1 vol., Plon, 1875.

Blanche et Bleue ou les deux couleuvres-fées,
roman chinois, traduction par *Stan. Julien*. —
1 vol., Gosselin, 1834.

Book of Were-Wolves (The), par *Baring Gould*.
— 1 volume, London, 1865.

Boustan de Saadi (Le), traduction par *Barbier
de Meynard*. — 1 vol. in-12, Leroux, 1880.

Britanni (Les), par *Lorin*. — Dezobry, 1862.

Buddhist Birth Stories, or Jataka Tales, translated fron the Pali text of Famboll, by *Rhys
David*. — 2 vol., London, Trübner, 1880.

Cabires, Ben Elohim et Dioscures, par *Darmesteter*. — 1880.

Celtic Magazine. — Inverness, 1886-1887.

Cent Nouvelles nouvelles. — 2 vol., Jannet, 1857,
(plusieurs éditions)

Chaine traditionnelle, par *Hyacinthe Husson*. —
1 volume in-12, Frank, 1874.

Chanson populaire (La), par *Weckerlin*. — 1 vol. in-8°, Didot, 1886.

Chanson du Chevalier au Cygne, par *Hippeau* — 1 vol. in-12, Aubry, 1874.

Chansons populaires de l'Ain, par *Charles Guillon*. — 1 vol. in-8°, Monnier, 1883.

Chansons populaires de France, par *Charles Nisard*. — 2 vol., Dentu, 1867.

Chansons populaires (Recueil de), par *Rolland*. — 5 vol., 1883-1886-1887-1888.

Chansons et ballades populaires du Valois, par *Gérard de Nerval*. — Garnier, 1885.

Chansons populaires grecques, par *E. Legrand*. — Broch., 1876.

Chansons populaires bulgares avec texte, par *Dozon*. — 1 vol., Maisonneuve, 1875.

Chansons populaires d'Ille-et-Vilaine, par *Lucien Decombe*. — 1 vol. pet. in-18, Rennes, 1884.

Chants populaires de la Grèce moderne, par le comte *de Marcellus*. — 1 vol., Michel Lévy. S. d.

Chants populaires de l'Italie, par *Rathery*. — Brochure.

Chants populaires de la Franche-Comté, par *Max Buchon*. — Broch.

Chants de pauvres et vieilles chansons du Forez et du Velay. — Germine, par *V. Smith*. — 3 brochures, 1873.

Chants populaires du Nord, par *Marmier*. — 1 vol., Charpentier, 1842.

Chants populaires du pays Messin, par le comte *de Puymaigre*. — 1 vol., Didier, 1865.

Chants populaires du Languedoc, par *Montel et Lambert.* — 1 vol. in-8°, Maisonneuve, 1880.

Chants populaires du pays basque, par *Sallaberry.* — 1 volume grand in-8°, Bayonne, 1870. .

Chants populaires des provinces de l'Ouest, par *Bujeaud.* — 2 vol. in-8°, Niort, 1866.

Chants populaires de la Basse-Bretagne, par *Luzel.* — 2 vol., Lorient, 1868.

Charpentier, 1880-81-82.

Chefs-d'œuvres littéraires de l'Inde, etc. — 5 vol. grand in-8°., Paris, Maisonneuve, 1872 et suivantes.

Chips of a german Workshop, par *Max Müller.* — 4 vol. in-8°, Londres, 1868.

Choix de contes et nouvelles chinoises, par *Th. Pavie.* — 1 vol., Dupret, 1874.

Chrestomathie, par *Bartsch.* — 1 vol. in-8°, Leipzig, 1872.

Chroniques, contes et légendes, par *Beneyton.* — 1 vol. in-4°, 1854.

Circular notes round the World, (Folk-lore au Japon), par *Campbell.* — 2 vol., London, Macmillan, 1876.

Cité antique, Étude sur le culte, etc., par *Fustel de Coulanges.* — 1 vol. in-8°, Hachette, 1874.

Cités votanides, par *Charencey.* — Louvain, 1885.

Civilisation japonaise, par *Léon de Rosny.* — 1 vol., Leroux, 1883.

Comte Lucanor, par *Ad. de Puibusque.* — 1 vol., Amyot, 1854.

Contemporaines par gradation, (cinq contes) par *Rétif de la Bretonne.* — 1 vol., Lemerre, 1876.

Contes allemands, traduction par *Frank.* —
1 vol., 1870.

Contes des Fées, par *Madame d'Aulnoy.* — 4 vol.
in-12, 1774. (Le même, édition Jouaust, 2 vol. in-
12, 1881).

Contes d'Armagnac, contes agenais, par *Bladé.*
— 2 vol., Franck et Baer.

Contes danois, par *Andersen.* — 2 vol. in-8°.
Garnier.

Contes et facéties d'Arlotto, par *Ristelhuber.* —
1 vol., Lemerre, 1873.

Contes fantastiques, 1 vol. in-16, Jouaust.

Contes arabes, par *E. de Lorral.* — Alger, 1880.

Contes arabes modernes, traduits par *Spitta Bey.*
— 1 vol., Maisonneuve, 1883.

Conte du Chat botté, en patois créole de la Réunion, par *Emmanuel Trouette.* — Broch.

Contes et légendes de l'Inde ancienne, par *Mary
Summer.* — 1 vol. in-12. Leroux, 1878.

Contes et légendes du Caucase, traduits par
J. Mourier. — 1 vol. in-18, Maisonneuve, 1888.

Contes d'un buveur de bière. 1874. — Contes de
Gambrinus. 1877, par *Charles Deulin.* — 2 vol.,
Dentu.

Contes bleus, par *Carnoy.* — 1 vol., Dupret, 1887.

Contes d'Hamilton. — 4 vol., Jouaust, 1873.

Contes et nouvelles, par *La Fontaine.* — (plusieurs éditions.)

Contes de Fées, par *Perrault.* — (plusieurs éditions.)

Contes dramatiques de Shakespeare, par *Charles
Lamb.* — 1 vol. in-8°, 1847.

Contes populaires de l'Allemagne, par *Musœus.*
— Traduction Cerfbeer, deux parties, Havard,
1849.

Contes populaires du Bocage, par *Brunet.* —
1 vol., Vire, 1886.

Contes populaires des Bretons-Armoricains : Le
Magicien et son Valet, par *Luzel.* — Quimper,
1885.

Contes populaires de différents pays, par *Marmier.* — 1 vol. in-16, Hachette, 1880.

Contes populaires de la Grande-Bretagne, par
Loys Brueyre. — 1 vol. in-8°, Hachette, 1875.

Contes populaires de la Grande-Lande, par *F. Arnaudin.* — 1 vol. in-12, Lechevalier, 1887.

Contes populaires européens et leur origine, par
E. Cosquin. — Broch.

Contes populaires de la Haute-Bretagne, par
Paul Sébillot. — 1° Féeries, etc. 2° Contes des
Paysans et Pêcheurs. 3° Contes des Marins. —
3 vol. in-18.

Contes des provinces de France, par *Paul Sébillot.*
— 1 vol., Cerf, 1884.

Contes des paysans et des pâtres slaves, par
Chodzko. — 1 vol., Hachette, 1864.

Contes de ma mère l'Oye avant Perrault, par
Charles Deulin. — 1 vol., Dentu, 1879.

Contes russes, par *Sichler.* — 1 vol. in-8°. Leroux

Contes choisis des frères *Grimm,* traduction
Baudry. — Hachette, 1871.

Contes et proverbes populaires d'Armagnac, par
Bladé. — Franck, 1867.

Contes populaires de la Russie, par *Ralston*

traduction Loys Brueyre. — 1 vol., Hachette, 1874.

Contes de Boccace. — (plusieurs éditions.)

Contes populaires de Lorrains, par *E. Cosquin.* — 2 vol., Vieweg, 1886.

Collection de chansons et de contes populaires. — Paris, Leroux. — Vol. I. Contes populaires grecs, par *Legrand.* — Vol. II. Romancero portugais, par le Comté *de Puymaigre.* — Vol. III. Contes albanais, par *Dozon.* — Vol. IV. Contes Kabyles, par *Rivière.* — Vol. V. Contes populaires slaves, par *L. Léger.* — Vol. VI. Contes indiens, par *Feer.* — Vol. VII. Contes arabes, par *Basset.* — Vol. VIII. Contes français, par *Carnoy.* — Vol. IX. Contes de la Sénégambie, par *Bérenger-Féraud.* — Vol. X. Voceri de l'ile de Corse, par *Ortoli.* — Vol. XI. Contes provençaux, par *Bérenger-Féraud.* — Vol. XII. Contes berbères, par *Basset.* — Vol. XIII. Contes du Pelech, par *Carmen Sylva.*

Crachat et salive dans les superstitions, par *Paul Sébillot.* — Broch.

Croyances et légendes du Centre de la France par *Laisnel de la Salle.* — 2 vol. in-8°, 1875.

Croyances et traditions populaires de Franche-Comté, par *Monnier et Vingtrinier.* — 1 vol., Lyon, 1874.

Croyances et légendes de l'Antiquité, par *Alfred Laury.* — 1 vol., Didier, 1863.

Curiosities of Indo-european tradition, par *Walter Kelly.* — 1 vol., Londres, 1863.

Curious Myths, par *Baring Gould*. — 1 vol., London, 1873.

Custom and Myth, by *Andrew Lang*. — 1 vol., Londres, 1885.

Cymbalum Mundi, par *Bonaventure des Périers*. — 1 volume, Delahays, 1858.

Déchiffrement des écritures calculiformes ou Mayas, par *Charencey*. — Broch., Alençon, 1879.

Des couleurs chez les peuples du Nouveau-Monde, par *Charencey*. — Brochure, 1877.

Démonialité des animaux succubes et incubes, par *Sinistrari*. — 1 vol., Liseux.

Des âges ou soleils, par *Charencey*. — Brochure, Madrid, 1883.

Deutsche Volksmarchen aus dem Sachsenlande, par *Haltrich*. — 1 vol., Berlin, 1856.

Devinettes de la Haute-Bretagne, par *Paul Sébillot*. — Brochure, Maisonneuve, 1886.

Devinettes ou Enigmes populaires de France, par *Rolland*. — 1 vol. in-12, Vieweg, 1877.

Dictionnaire Mythologique par *Jacobi*. — 1 vol., Didot, 1863.

Dictionnaire des Précieuses. — 2 vol., Jannet, 1856.

Dictionary of Archaic and provincial Words, par *J. Orchard Halliwell*. — 2 vol. in-8°, Londres, Smith, 1874.

Dictons de Seine-et-Marne, par *Fourtier*. — Broch., 1873.

Dieux (Les) et les Héros, par *Cox*, traduction Baudry. — 1 volume, Hachette, 1871.

Dieux de Babylone et d'Assyrie, par *François Lenormant*. — Broch., 1877.

Dieux de l'Ancienne Rome, par *Preller*, traduction par *Dietz*. — 1 vol. in-8°, Didier, 1866.

Discipline de Clergie et le Chastoiement d'un père à son fils, par *Pierre Alphonse*. — 1 vol. in-8°, Didot, 1834.

Divination chez les Chaldéens, par *François Lenormant*. — 1 vol. in-8°, Maisonneuve, 1875.

Divinités génératrices ou culte du Phallus, par *Dulaure*. — 1 vol., Liseux, 1865.

Dix mélodies populaires des Provinces de France, par *Julien Tiersot*. — Publiée par la *Société Historique*, 1887.

Eddas (Les), traduction *Loïsa Puget*. — 1 vol. in-8°.

Enigmes populaires en langue d'Oc, par *Roque-Ferrier*. — Broch., Montpellier, 1876.

Esquisse de la Religion des Gaulois, par *Gaidoz*. — Brochure, Sandoz, 1879.

Esquisses du Bocage normand, par *J. Lecœur*. — 2 vol. in-8°, Lechevalier, 1863-1887.

Esquisse sommaire de la Mythologie Slave, par *Louis Léger*. — Brochure, Leroux, 1882.

Essai sur les fables indiennes, Roman des 7 sages, par *Loiseleur Deslongchamps*. — 1 vol., Techner, 1876.

Essays on subjects connected with Sanscrit littérature, par *Wilson*. — 3 vol. in-8°, Londres, Trübner, 1864.

Essays in the study of Folk-Songs, par la Com-

tesse Martinengo Cesaresco. — Londres, Red-
way, 1888.

Essais de Mythologie comparée, par *Max Müller*, traduction par *Perrot*. — 1 vol. in-8°,
Didier, 1873.

Essai sur les Superstitions, par *l'abbé Guillois*.
— 1 volume in-18, Lille, 1836.

Essai de questionnaire pour recueillir les traditions populaires, par *Sébillot*. — Broch., 1880.

Ethnogénie gauloise, par *Roget de Belloguet*. —
4 vol., Maisonneuve, 1868.

Ethnographie des peuples de l'Europe avant
Jésus-Christ, par *Steur*. — 3 vol. in-8°, Bruxelles, 1872.

Etude sur la géographie des Vedas, par *Vivien
de Saint-Martin*. — 1 vol., Imprimerie Impériale, 1860.

Etudes de Mythologie grecque, par *Cerquand*.
— Broch., 1873.

Etudes sur les Romans de la Table ronde, par
Gaston Paris. — 2 broch., 1881-83.

Etude sur le langage créole de la Martinique,
par *Turiault*. — 2 parties, Brest, 1874-76.

Etude sur l'origine des Basques, par *Bladé*. —
1 vol. in-8°, Franck, 1869.

Eventyr bog for Born, par *Asbjornsen et Moe*.
— Copenhague, 1883.

Fable (Une) de Florian, par *Ristelhuber*. —
Broch., Baur, 1881.

Fables turques, traduction par *Decourdemanche*.
— 1 vol., Leroux, 1882.

Fables du très ancien Esope de Corrozet. — 1 vol.
in-12, Jouaust, 1882.
Fables de Lafontaine et fables inédites antérieures,
par *Robert*. — 3 vol. in-8°, 1825.
Fables de Lafontaine, (Plusieurs éditions).
Fabliaux et Contes des poëtes français, par *Bar-
bazan et Méon*. — 4 vol. in-8°, 1808.
Fabliaux et Contes des xiie et xiiie siècles, par
Legrand d'Aussy.—5 vol. in-8°, Renouard, 1829.
Facétieuses nuits de Straparole. — 2 volumes,
Jannet, 1857.
Fairy Legends of the South of Ireland. — 1 vol.
in-12, Londres, Murray, 1846.
Fairy Tales illustrating Shakespeare, par *Ritson*.
— 1 vol., Londres, Kerslake, 1875.
Fairy Tales of All Nations, par *Montalba*. —
1 vol., Londres, 1859.
Fairy Mythology, par *Keightley*. — Londres,
Bohn, 1860.
Faune populaire de France, par *Rolland*.—6 vol.,
in-8° Maisonneuve, 1883
Fiabe Novelle e Racconti popolari Siciliani, par
Pitrè. — 4 volumes in-8°, Palerme.
Fils (Le) de la Vierge, par *Charencey*. — Broch.,
Le Havre, 1879.
Finger-Ring Lore, par *William Jones*. — 1 vol.
in-8°, Londres, 1877.
Fire side Stories of Ireland, par *Kennedy*. —
1 vol., Dublin, 1870.
Fleur lascive orientale. — 1 vol., Oxford, 1882.
Flore populaire de la Normandie, par *Charles
Joret*. — 1 vol. in-8°, Maisonneuve, 1887.

Flower-Lore par *Hilderic Friend*. — 1 vol. in-8°,
Londres, Sonnenschein, 1888.
Folk-Lore of the Northern Counties, par *Henderson*. — 1 volume in-8°, Londres, 1879.
Folk-Lore of Rome, par *Busk*. — 1 vol. in-8°,
Londres, 1874.
Folk-Lore and provincial names of British Birds,
par *Swainson*. — 1 vol., Londres, 1886.
Folk Songs of Southern India, par *Gover*. —
1 vol. in-8°, Londres, Trübner, 1872.
Folk-Lore Society : 1° The Folk-Lore Record :
5 volumes en 6 tomes, 1878-1882.
2° The Folk-Lore Journal : vol., 1883-4-5-6-7.
Folk-Lore of the North East of Scotland, par
W. Gregor. — 1 vol. in-8°, 1881.
Folk-Medicine, par *G. Black*. — 1 vol. in-8°,
Londres, 1883.
Folk-Lore, par le Comte *de Puymaigre*. — 1 vol.
in-8°, Perrin, 1885.
Folk-Lore of China, par *Dennys*. — London, 1876.
Foyer Breton, par *E. Souvestre*. — 2 vol., Michel
Lévy, 1864.

Gargantua, Essai de Mythologie Celtique, par
Gaidoz. — Brochure.
Gargantua en Poitou avant Rabelais (Recherches
sur), par *Desaivre*. — Brochure, Niort, 1869.
Gargantua dans les Traditions populaires par
Sébillot. Maisonneuve, 1883 pet. in-18
Géographie de Strabon, traduction *A. Tardieu*.
— 3 vol., Hachette, 1867.
German Fairy Tales, etc. translated, of

MM. Grimm, par *Edgar Taylor*. — 1 vol. in-12,
London, 1863.

Grammaire comparée des langues indo-européennes, par *Bopp*. — 4 vol. grand in-8°, 1866.

Grammaire historique de la langue française, par
Brachet. — 1 vol.

Griechische and Albanesische Marchen, par
Hahn. — 2 parties en 1 vol., Leipsig, 1864.

Grillon (Le), Légendes bretonnes, par *Caliste de
Langle*. — 1 vol.. Durand. 1860.

Grimm (Contes de), traduction par *Baudry*. —
1 vol. in-12, Hachette.

Grimm's Household tales, with the Author's,
Notes by *Margaret Hunt*, introduction de
Lang. — 2 vol. in-8°, Londres, 1884.

Guerre des Gaules de César, traduction par
Louandre. — 1 vol. in-12, Charpentier, 1868.

Gulistan de Sadi, translated by *Eastwick*. — 1 vol.
in-8°, Londres, Trübner.

Hand Book of Weather Folk-Lore, par *Swainson*.
— 1 vol. in-12. London, 1873.

Harivansa, traduction par *Langlois*. — 2 vol.
grand in-8°, Imprimerie Impériale, 1834.

Hazzlit's Early Popular Poetry. — 4 vol. in-12,
Londres.

Heroic gaelic Ballads par *Campbell*. — 1 vol.
Londres, Trübner, 1872.

Hiawatha, Legends of the Wigwams, par *Mat-
thews*. — 1 vol., Londres, Swan Sonnenschein.

Hindow Mythology. — Plaquette. Madras, 1875.

Histoire de la Chaussure, par *P. Lacroix*. —
1 vol. in-8°, 1862.

Histoire de la légende de Faust, par *Ernest Faligan*. — 1 vol. in-8°, Hachette, 1888.

Histoire de la Littérature anglaise, par *Taine*. — 5 vol. in-12, Hachette, 1885.

Histoires d'Hérodote, traduction par *Sallat et Talbot*. — 1 vol. in-8°, 1864.

Histoire de l'Imagerie populaire, par *Champfleury*. — 1 volume, Dentu, 1886.

Histoire de l'Imagerie populaire et des Cartes à jouer à Chartres, par *Garnier*. — 1 volume.

Histoire des Livres populaires en France, par *Ch. Nisard*. — 2 vol., Dentu, 1864.

Histoire des Religions de la Grèce antique, par **A. Maury**. — 3 vol. in-8°, Didier; 1857.

Histoire des Littératures étrangères, par *Demogeot*. — 2 vol. in-12, Hachette, 1880.

Histoire légendaire des Francs, par *Beauvois*. — 1 vol. in-8°, 1877.

Historial du Jongleur. — 1 vol., 1829.

History of Sir Richard Whittington. — 1 vol., London, 1885.

History of Thomas Hickathrift. — 1 vol., London, 1885.

History of the Forty Vizers, traduction du turc, par *Gibb*. — 1 volume, London, 1886.

History of the Seven Wise Masters of Rome. — 1 vol., London, 1885.

History of the Patient Grisel. — 1 vol., London, 1885.

History of Sir Thomas Thumb. — 1 vol. in-8°, London, 1885.

History of English Poetry, par *Warton*. — 4 vol., in-8°, London, 1824.

Home treasury of old story Books. — 1 vol., London, 1859.

Hommes-Chiens, par *Charencey*. — Brochure, 1882.

Huon de Bordeaux. — 1 vol. in-12, Vieweg, 1860.

Icelandic Legends, par *Powell et Magnussen*. — 2 séries.

Imagerie (L') et la Littérature populaire dans le Comtat-Venaissin, par *Cerquand*. — Avignon, 1883.

Indian Fairy Tales, par *Maive Stokes*. — 1 vol., London, 1880.

Instructions pour l'étude de la Linguistique, par *Hovelacque*. — Plaquette, 1871.

Introduction à l'histoire de Cayenne, par *Saint-Quentin*. — 1 vol. in-16, Antibes, 1872.

Italian popular Tales, par *Crane*. — 1 vol. in-8°, London, 1887.

Jeux des Anciens, par *B. de Fouquières*. — 1 vol. in-8°, Reinwald, 1869.

Juif-Errant, par *Gaston Paris*. — Brochure, Sandoz, 1880.

Kaffir Folk-Lore, par *Mac Call Theal*. — 1 vol., Londres, 1882.

Kalewala, par *Léouzon Le Duc*. — 2 vol. in-8°, 1876.

Kathasaritsagara, Translated by *Tawney*. — 2 vol. in-8°, Calcutta, 1880.

Kinder und Hausmarchen, par *Grimm*. — 1 vol. Berlin, 1873.

Kruptadia. — 4 vol. in-12, Heilbronn, 1883 et suivantes.

Krylof ou le La Fontaine russe, par *Bougeault*. — 1 vol., Dezobry, 1860.

Lectures on the science of language, par *Max Müller*. — 2 vol. in-8°, London, Longman, 1862-64.

Légendes des Plantes et des Oiseaux, par *Xavier Marmier*. — 1 vol., Hachette, 1882.

Légendes, croyances, superstitions de la Mer, par *Sébillot*. — 2 vol., Charpentier, 1886-87.

Légendes locales de la Haute-Bretagne : les Margots la Fée, par *Sébillot*. — Broch., 1887.

Legends and popular tales of the Basque People, par *Mariana Monteiro*. — 1 vol. in-4°, Londres, 1887.

Légendes Slaves du Moyen-Age (1167-1237, etc.), par *Chodzko*. — 1 vol. in-4°, 1858.

Légende dorée, de *Jacques de Voragine*. — 2 vol. in-12, Gosselin, 1843.

Legendary Fictions of the Irish Celts, par *Patrick Kennedy*. — 1 vol., London, Macmillan, 1866.

Légende d'Œdipe, par *Constans*. — 1 vol. in-8°, Maisonneuve, 1881.

Légendes bouddhiques, par *Thiaudière*.—Broch., 1875.

Légende cosmogonique (Une) par *Charencey*. — Broch., Le Havre, 1884.

Légende athénienne (La), par *Em. Burnouf*. — 1 vol. in-8°, Maisonneuve, 1872.

Légendes et traditions des Malais, par *Marcel Devic*. — 1 vol., in-16, Leroux, 1878.

Légende des Mois (La), par *Albert Lévy*. — in-12,
Hachette, 1881.

Légendes des Hautes-Pyrénées, par *Eug. Cordier*. — Broch., Lourdes, 1855.

Legends and stories of Ireland, par *Sam. Lover*. — 1 vol. in-12, London, s. d.

Legends and traditions of Ireland, par *Croker*. — 1 vol. in-10.

Leggenda indiana di Nala, etc., par *Stanislao Prato*. — Côme, 1881.

Leggenda del tesoro di Rampsinita, par *Stanislao Prato*. — Broch., Côme, 1882.

Linguistique (La), par *Hovelacque*. — 1 vol. in-12, Reinwald, 1876.

List of Works relating to Italian pop. tales, par *Crane*. — Broch., 1879.

Littérature populaire de la Gascogne, par *Cénac Moncaut*. — 1 vol., 1868.

Littératures populaires de toutes les Nations, *Collection Maisonneuve*, volumes in-16. — Vol. I, *Sébillot* : Litt. orale de la Haute-Bretagne. — Vol. II et III, *Luzel* : Légendes chrétiennes de la Basse-Bretagne. — Vol. IV, *Maspero* : Contes Egyptiens. — Vol. V, VI, VII. *Bladé* : Poésies pop. de Gascogne. — Vol. VIII, *Lancereau* :, Hitopadesa. — Vol. IX, X, *Sébillot* : Traditions de la Haute-Bretagne. — Vol. XI, *J. Fleury* : Littérature orale de Basse-Normandie. — Vol. XII, *Sébillot* : Gargantua dans les traditions populaires. — Vol. XIII, *Carnoy* : Littérature orale de Picardie. — Vol. XIV, *Rolland* : Rimes et jeux de l'Enfance. — Vol. XV, *Vinson* : Folk-lore Basque. — Vol. XVI, *Or-*

toli : Contes Corses. — Vol. XVII, XVIII,
Weckerlin : Chansons populaires de l'Alsace.
— Vol. XIX, XX, XXI, *Bladé* : Contes popu-
laires de Gascogne. — Vol. XXII, *Sébillot* :
Coutumes populaires de la Haute-Bretagne. —
Vol. XXIII, *Petilot* : Traditions Indiennes du
Canada. — Vol. XXIV, XXV. et XXVI. *Luzel*
Contes populaires de Basse-Bretagne. —
Vol. XXVII, *Baissac* : Folk-lore de l'Ile Maurice.
Livre des proverbes français, par *Leroux de
Lincy*. — 2 vol. in-12, Delahays, 1859.
Lois de Manou, par *Loiseleur Deslongchamps*.
— 2 vol. in-8°.
Lo Pia Ermonek Lourain, par *Pé Chan Heurlin*.
— Broch., Strasbourg, 1879.

Mabinogion, par *Lady Guest*. — 3 vol. in-8°, Lon-
don, Longman, 1869.
Magicien (Le) et son valet, par *Luzel*. — Broch.,
Quimper, 1885.
Magie (La) et l'Astrologie, par *Alfred Maury*. —
1 vol., Didier, 1864.
Magie (La) chez les Chaldéens, par *François
Lenormant*. — 1 vol. in-8°, Maisonneuve, 1874.
Mahabahrata (Le). Onze épisodes, par *Foucaux*.
— 1 vol. in-8°, Dupret, 1862.
Mediœval Sermon Books, par *Crane*. — Broch.,
New-York, 1883.
Mélanges de Mythologie et de Linguistique, par
Michel Bréal. — 1 vol. in-8°, Hachette, 1877.
Mélodies populaires de France, par *Anat. Loquin*.
— 1 vol. in-8°. Richault, 1871.
Mélusine, Essai par *E. B.* — Broch., 1872.

Mélusine, Recueil de Mythologie, etc., par *Gaidoz et Rolland.* — 3 vol., 1878, etc.

Mélusine par *Jehan d'Arras.* — 1 vol., Jannet, 1854

Métamorphoses d'Ovide, traduction *Dubois-Fontanelle.* — 4 vol., 1802.

Méthode pour étudier le sanscrit, par *Em. Burnouf et Leupol.* — 1 vol. in-8°, Duprat, 1861.

Mille et un jours, *Petis de la Croix.* — 1 vol. in-8°. S. d.

Mille et une nuits, de *Galland.* — 10 vol. in-12, Jouaust, 1881.

Mille et une nuits, traduction *de Sacy.* — Grand in-8°.

Moon-Lore, par *Harley.* — 1 vol. in-8°, Londres, Sonnenschein, 1888.

Mother Bunch's Closet. — 1 vol., London, 1885.

Mythes et légendes de l'Inde et de la Perse dans *Aristophane* par *Lévêque.* — 1 vol. in-8°, Belin, 1880.

Mythe de la Mère Lusine, par le *Dr Desaivre.* — Niort, 1882.

Mythe de Votan, par *Charencey.* — Broch., Alençon, 1871.

Mythologie comparée, par *Girard de Rialle.* — 1 vol., Reinwald, 1873.

Mythology, par *Murray.* — Plaquette, Londres, 1876.

Mythologie (La), des contes d'enfants, par *Martin Arzelier.* — Neufchâtel, 1871.

Mythologie des plantes, par *Gubernatis.* — 2 vol. in-8°, Reinwald, 1878.

Mythology of the Aryan Nations, par *Cox.* — 2 vol. in-8°, Londres, Longmans, 1870.

Mythologie iconographique, par *Clermont Gan-neau*. — Broch., Leroux, 1878.

Mythologie et folklorisme, par *Ch. Ploix*. — Le-roux, 1886.

Myths of the New World, par *Brinton*. — 1 vol. New-York, 1876.

Myths and Songs from the South Pacific, par *Wyatt Gill*. — 1 vol. Londres, 1875.

Nagananda, par *Ab. Bergaigne*. — 1 vol. in-12, Leroux, 1874.

Nare's Glossary illustrating Shakespeare. — 2 vol. in-8°, Londres.

New curiosities of Litterature, par *Soane*. — 2 vol. in-8°, Londres, 1849.

Niebelungen, traduction *Becker*. — 1 vol. in-8°, Dumoulin, 1853.

Normandie romanesque, par Mlle *Amélie Bosquet*. — 1 vol. in-8°, Techener, 1845.

Northern Mythology etc., par *Thorpe*. — 3 vol., London, 1851.

Notice sur les inscriptions latines de l'Irlande, par *Gaidoz*. — 1878.

Nouveau recueil de farces Françaises, par *Picot et Nyrop*. 1 volume in-12. Morgand, 1886.

Nouvelles choisies du Pecorone, par *Giovanni Fiorentino*. — 1 vol. in-16, 1881.

Nouvelles, par *Bandello*. — 2 vol. in-16, Liseux, 1879.

Nouvelles, par *Firenzuola*. — 2 vol. in-16, Liseux, 1881.

Nouvelles françaises du xiiie et du xive siècles. — 2 vol., Jannet, 1856-58.

Novelline di S° Stefano, par *Gubernatis*. — Broch., Torino, 1869.

Nursery Tales of the Zulus. — 1 vol. in-8°, Callaway-Nàtal, 1868.

Nursery Rhymes and Nursery Tales of England. par *Halliwell*. — 1 volume, Londres.

Œuvres choisies du Comte *de Tressan*. — 12 vol. in-8°, 1787.

Œuvres de *Petrone*. — 1 volume, Garnier.

Œuvres complètes de *Tabarin*. — 2 vol., Jannet, 1858.

Old Deccan Days, par *Miss Frere*. — 1 vol. in-12, London, Murray, 1870.

Old Norse Fairy Tales, par *Stephens and Cavallius*. — 1 volume, London. s. d.

Origines de l'Histoire d'après la Bible, par *F. Lenormant*. — 2 vol. in-8°, Maisonneuve, 1880.

Origines indo-européennes, par *Pictet*. — 2 vol. grand in-8°, Cherbulliez, 1863.

Orma del Leone, par *Stan. Prato*. — Broch., Vieweg, 1883.

Ossian (The poems of). — 1 vol. in-16, London. s. d.

Ossian, traduction par *Christian*. — Hachette. 1879.

Pantchatantra, par *Lancereau*. — 1 vol. in-8°.

Patranas, or Spanish Stories. — 1 vol., Londres, 1870.

Pays-Bas (Les) avant et durant la domination Romaine, par *Schayes*. — 2 vol. in-8°, Bruxelles, 1838.

Peep (A), at the Pixies, par *M^rs. Bray*. — Londres,
1854.

Pentamerone de Giambattista Basile, translated
by *Taylor*. — 1 volume, Londres, 1850.

Perrault's popular Tales. Introduction by A. Lang.
— Oxford, 1888.

Petit Poucet (Le), et la Grande Ourse, par *Gaston
Paris*. — 1 vol. in-16, Franck, 1875.

Petites légendes chrétiennes de la Haute-Bretagne, par *Sébillot*. — Broch., Leroux, 1885.

Peuplades de la Sénégambie (Histoire, mœurs,
légendes des), par *Béranger-Féraud*. — 1879.

Piété filiale (La), en Chine, par *Dabry de Thier-
sant*. — 1 vol. in-12, Leroux, 1877.

Pi-Pa-Ki. Drame chinois, par *Bazin aîné*. —
1 vol. in-8°, Imprimerie Royale, 1841.

Plaisanteries de Nasr-Eddin, trad. du turc, par
Decourdemanche. 1 vol., 1876.

Poésies populaires de la Basse-Bretagne, par
E. Souvestre. — Broch., 1835.

Poetical Works of Chaucer. — 1 vol. grand in-8°,
London, 1871.

Poetical Works of *Walter Scott*. — 2 vol. grand
in-8°, 1838.

Poésies populaires en français de l'Armagnac
et de l'Agenais, par *Bladé*. — 1 vol. in-8°,
Champion, 1879.

Polynesian Mythology, par *George Grey*. —
1 volume, Londres, Murray, 1855.

Popular Romances of the West of England, par
Hunt. — 1 vol., London, Hotten, s. d.

Popular Superstitions of the Highlands, par
Stewart. — 1 vol. in-12, Edimburgh, 1823.

Popular Tales and Fictions, par *Clouston*. —
2 vol., Londres, 1887.

Popular Tales of the West Highlands, par
Campbell. — 4 vol., Edimburgh, Edmonston,
1860.

Popular Tales from the Norse, par *Dasent*. —
1 vol., Edimburgh, 1859.

Popular Rhymes and Nursery Tales, par *Halli-
vell*. — 1 vol. in-12, Londres, 1854.

Popular Rhymes of Scotland, par *Chambers*. —
1 vol. in-12, Londres.

Portuguese Folk-Tales, par *Consiglïeri Pedroso*.
Traduit par *miss Monteiro*. London, Elliot,
1882.

Premières civilisations, par *François Lenormant*. — 2 vol., Maisonneuve, 1874.

Prophylaxie superstitieuse de la peste et du cho-
léra, par *Sébillot*. — Brochure.

Proverbes chinois, par *Paul Perny*. — 1 vol.
in-12, Didot, 1869.

Proverbes du Béarn, par *Lespy*. — Broch.,
Montpellier, 1876.

Proverbes et dictons marseillais, à Colognac,
par *Fisquet*. — Broch., Montpellier, 1874.

Proverbes de la Basse-Bretagne, par *Sauvé*. —
1878.

Proverbes et Facéties de Cornazana. — 1 vol.
in-16, Liseux, 1884.

Proverbes de la Franche-Comté, par le *Dr Per-
ron*. — 1 vol. in-8°, Champion, 1876.

Proverbes et Devinettes d'Armagnac et d'Agenais, par *Bladé*. — Champion, 1879.

Proverbes et dictons à propos de chiens et de
chats. — Noyon, 1877.

Quarterly Review, n° XLI de mai 1819, article
important, par *Francis Palgraves.*
Quatre contes languedociens recueillis à Gignac.
— Broch., 1878.
Quattro Novelline Livornesi, par *Stan. Prato.*
— Spoleto, 1880.

Rage (La) et saint Hubert, par *Gaidoz.* — Picard,
1887.
Ramâyana, traduction *Fauche.* — 9 vol. in-12,
Frank, 1854.
Rapport sur une mission en Basse-Bretagne,
par *Luzel.* — Broch., 1872.
Reconnaissance de Sakountala, par *Foucaux.*
— 1 vol. in-12, Lemerre, 1884.
Recueil des Fabliaux, par *Vontaiglon.* — 6 vol.
in-8°, Jouaust.
Recueil de chansons grecques, par *Em. Legrand.*
— 1 vol. in-8°, 1874.
Religion védique, par *Ab. Bergaigne.* — Vieweg,
1878.
Religious system of the Amazulu, par *Callaway.*
— 1 vol. in-8°, London, Trübner, 1870.
Reliques of Ancient English Poetry, par *Percy.* —
3 vol., London, 1839.
Remains of early pop. Poetry, par *Hazlitt.* —
4 vol. in-12, London, Smith, 1866.
Remains of Gentilism, par *John Aubrey.* —
1 vol., London, 1881

Remarques sur les contes des Gaëls, par *Morin*. — Broch.

Researches respecting the Book of Sindibad, par *Comparetti*. — London, 1882.

Revue des Deux-Mondes : Le Diable, par *Lonandre*, 15 août 1842. — Histoire du Diable, par *Alb. Réville*, 1er janvier 1870. — Le Mythe de Prométhée, par *A. Réville*, 15 août 1862. — La Migration des Fables, par *Radau*, 15 octobre 1873. — La Religion des Phéniciens, par *A. Réville*, 15 mai 1873. — La Religion d'Odin, par *Geffroy*, 1er janvier 1872. — Des Fées et de leur littérature en France, les Contes de Perrault, par *Montégut*, 1er janvier et 1er avril 1862. — Les Celtes du Pays de Galles, par *Gaidoz*, 1er mars 1871. — Ballades du Cycle de Robin-Hood, par *Etienne*, 1er octobre 1854. — Les Chants populaires de l'Angleterre, par *Rathery*, 15 décembre 1860. — Les Contes populaires de la Russie, par *L. Léger*, 1er septembre 1873. — L'épopée de Niebelungen, par *A. Réville*, 15 décembre 1866. — Les Chants populaires de l'Italie, par *Rathery*, 15 mars 1862. — Les Sagas islandaises, par *Geffroy*, 1er novembre 1875. — Un conteur norrain : Asbjorsen, par *Geffroy*, 1er septembre 1874. — Une épopée byzantine du xe siècle, par *Rambaud*, 15 août 1875. — Russie épique, par *Rambaud*, 1er juillet 1874. — Mazeppa, la légende, par M. *de Vogué*, 15 novembre 1881. — Le Faust polonais, par *Sacher Masoch*, 10 novembre 1874. — Légende de Faust, par *Arvède Barine*, 15 octobre 1874.

— Contes de nourrices de la Sicile, par *Marc Monnier*, 15 août 1875. — Les Contes de Pomigliano, par *Marc Monnier*, 1ᵉʳ novembre 1877. — Les Contes de Toscane et de Lombardie, par *Marc Monnier*, 1ᵉʳ décembre 1879. — Virgile an Moyen âge, par *G. Boissier*, 1ᵉʳ février 1877. — Légende d'Enée, par *G. Boissier*, 15 septembre 1883. — Mystères au Moyen âge, par *Brunetière*, 1ᵉʳ juin 1879 et 15 octobre 1880. — Légendes de l'Alsace, par *Schuré*, 15 décembre 1883.

Revue des Traditions populaires. — 3 volumes, grand in-8°, 1886-1887-1888.

Reynard the Fox in south Africa, par *Bleek*. — 1 vol., London, Trübner, 1864.

Roman de la Rose, par *Guillaume de Lorris*. — 2 vol. in-12, 1864.

Romancero du Pays Basque, par *Francisque Michel*. — 1 vol., Didot, 1859.

Romancero de l'Espagne, par *Damas Hinard*. — 2 volumes, Charpentier, 1844.

Romances of Chivalry, par *John Ashton*. — 1 vol. in-12, London, 1887.

Romant de Jean de Paris. — 1 vol., Picard, 1857.

Roman du Renard, par *Méon*. — 5 vol. in-8°, 1826.

Romans de la Table Ronde, par *La Villemarqué*. — 1 vol. in-8°, 1861.

Rondallayre, par *Maspons y Labros*. — Trois séries, Barcelone, 1871.

Russian Folk-Tales, par *Ralston*. — 1 vol. in-8°, Londres, Smith.

Russie épique, par *Alf. Rambaud*. — 1 vol. in-8°, Maisonneuve, 1876.

Sacchetti, Nouvelles traduites par *Bonneau*. —
1 volume in-18, Liseux, 1879.

Sagas from the Far East. — 1 vol., London, 1873.

Sainte Triphyme et le roi Arthur, par *Luzel*. —
1 vol. in-8°, 1863.

Saint Graal (Le) et Joseph d'Arimathie, par
Em. Hucher. — 3 vol. in-12, 1875.

Sentences et Maximes, Mantchoux et Mongols,
par *Rochet*. — 1 vol., Maisonneuve, 1875.

Sept journées de la Reine de Navarre (Les). —
4 vol. in-12, Jouaust, 1872. (plusieurs éditions).

Sérees de Guillaume Bouchet, par *Roybet*. —
6 vol. in-16, Lemerre, 1873.

Skakespeare Jest Books par *Carrew Hazlitt*. —
3 volumes in-8°, London, 1864.

Skakespeare, œuvres complètes, traduction par
Montégut. — 10 vol. in-12, Hachette, 1867.

Skakespeare, (The complets Works). — 1 vol.
in-8°, London, 1823

Slavonic fairy Tales par *Naake*. — 1 volume,
London, 1874.

Songs of the Russian People, par *Ralston*. —
1 volume in-8°, London, Ellis, 1872.

Spenser (The Works of.) — Grand in-8°, London, 1872.

Stories on Proverbs. — 1 volume in-18.

Story of Gisly, par *Dasent*. — 1 vol.

Supreme God in the Indo-European Mythology,
par *Darmesteter*. — Octobre 1879.

Swahili Tales of Zanzibar, par *Ed. Steere*. —
1 vol., London, 1870.

Tales of a Traveller, par *Wash-Irving*. — 1 vol., London, 1872.

Tales of Old Japan, par *Mitford*. — 1 vol. in-8°, London, Macmillan, 1874.

Tales and Pop. Fictions, par *Keightley*. — 1 vol., Londres, 1884.

Tales and traditions of the Eskimo, par *Rink*. — 1 vol. in-8°, 1875.

Tales from the Field, par *Asbjornsen*, traduction Dasent. — 1 vol., 1874.

Temps Mythologiques, par *Moreau de Jonnès*. — 1 vol. in-8°, Didier.

Teutonic Mythology, translated by Stallibrass, par *Jacob Grimm*. — 3 vol. in-8°, Londres, 1880-83.

Tibetan Tales, by *Ralston*. — 1 vol., Londres, Trübner, 1882.

Traditions de la Haute-Bretagne, par *Sébillot*. — Brochure, 1880.

Traditions et légendes de la Belgique, par *Reinsberg-Duringsfeld*.—2 vol. in-8°, Bruxelles, 1870

Traditions of West Cornwall, par *Bottrell*.—1 vol. in-12, Penzance, 1873.

Traditions populaires de la Côte d'Or, par *Clément-Janin*. — Lechevalier, 1887.

Traditional Tales of the Scottish Peasautry, par *Cunningham*. — 1 vol., Londres, 1874.

Traits and Stories of the Irish Peasantry, par *Will. Carleton*. — 2 vol. in-8°, Londres.

Transactions of the Gaelic Society of Inverness. — Vol. XII.

Transactions of the Ossianic Society of Dublin. — 6 volumes.

Tuscan Fairy Tales. — 1 vol. in-16, Londres, 1880.
Tuti-Nameh (Contes du), par *Trébucien*. — Grand in-8°.

Una Novelline pop. Monferrina, par *Stan. Prato*. — Brochure, Côme, 1882.

Veillées bretonnes, par *Luzel*. — 1 volume, Mor laix, 1879.
Veillées de l'Armor, par *du Laurens de la Barre*. — 1 volume, Vannes, 1857.
Veland le Forgeron, par *Depping et Francisque Michel*. — 1 vol. in-8°, Didot, 1883.
Vikramourvaçi, par *Foucaux*. — 1 vol. in-12, Leroux, 1879.
Vikram and the Vampire, par *Richard Burton*. — 1 vol. in-8°, London, 1870.

Wade, par *Francisque Michel*. — Brochure, 1837.
Wide-Awake Stories, *Steel and Temple*. — 1 vol. in-12, Bombay, 1884.

Yule-Tide Stories, par *Thorpe*. — 1 vol. in-8°, London, 1853.

Zoological Mythology, par *Gubernatis*. — 2 vol. in-8°, London, Trübner, 1872.

LOYS BRUEYRE.

AVIS

EPUIS sa fondation, la Société des traditions populaires a fait des progrès constants. Le premier Annuaire (1er juillet 1886) enregistrait 134 membres; le deuxième, (30 juin 1887) 204; au 15 avril 1888, le nombre des Sociétaires dépasse 250.

Ce chiffre, que nous n'aurions pas espéré pouvoir atteindre au début, ni même l'an dernier, est des plus satisfaisants et montre l'intérêt qui s'attache à nos études. Nous pensons qu'il doit s'accroître encore, et nous espérons qu'au commencement de 1889 le nombre des Sociétaires s'élévera à 300, sinon davantage.

Nos collègues et nos lecteurs ont pu voir qu'à mesure que croissaient nos ressources, nous avons augmenté l'importance de nos publications. Aux 32 pages mensuelles de la Revue en 1886, nous avons ajouté en 1887 une troisième feuille; aux 48 pages mensuelles de 1887, nous joignons une quatrième feuille, qui portera à 64 pages la moitié au moins de nos numéros. Cette augmentation est motivée, non-seulement par le désir d'être agréable à nos lecteurs; mais aussi par le nombre des articles et des communications qui arrivent à la rédaction, et qui prouvent combien est grand l'intérêt que nos collègues prennent à nos travaux. Notre désir serait d'arriver à pouvoir donner constamment 64 pages par mois, sans diminuer la musique gravée et les illustrations.

Il suffirait, pour arriver à ce résultat, d'atteindre le chiffre de 300 sociétaires : nous comptons que nos collègues continuront à faire autour d'eux la propagande la plus active dans l'intérêt commun.

Nous n'avons pas, à beaucoup près, conquis l'adhésion de tous les savants étrangers qui s'occupent de traditions populaires : toutefois nous avons actuellement 66 sociétaires étrangers (sans parler de ceux qui ne sont qu'abonnés à la Revue,) et parmi eux figurent les noms les plus justement estimés; il suffira pour s'en convaincre de jeter les yeux sur la liste que nous avons publiée au commencement de cet Annuaire. Voici comment se décomposent nos collègues étrangers au point de vue des nationalités : Allemands 2, Anglais 19, Autrichiens 2, Belges 6, Brésilien 1, Chinois 1, Colombien 1, Danois 1, Dalmate 1, Espagnols 5, Finlandais 1, Italiens 7, Indo-Européen 1, Hollandais 1, Hongrois 2, Letton 1, Polonais 2, Portugais 1, Roumains 3, Russes 3, Suisses 5. En dehors des établissements sociétaires, nous comptons parmi nos abonnés : à l'étranger le British Museum, les bibliothèques de Berlin, Copenhague, Oxford, Cambridge, Saint-Pétersbourg, Weimar, etc.; en France, indépendamment des grandes collections nationales, les bibliothèques de la Chambre des députés, de Rennes, de Lyon, de Mézières; etc.

*
* *

En 1887, le Diner de Ma Mère l'Oye a réuni à la fin de chaque mois une moyenne de 15 à 20 convives. Environ 70 membres de la Société y ont assisté. Nous en avons publié les compte rendus sommaires dans la Revue. Nous nous bornerons à dire ici que ces réunions non-seulement ont été cordiales et amusantes, qu'elles ont resserré les liens qui existent maintenant entre les membres de la Société, mais qu'on y a échangé des idées qui ont eu la plus heureuse influence sur le développement de nos études et la marche de la Revue.

*
* *

Nous prions les auteurs des ouvrages qui se rattachent à nos études de vouloir bien disposer en faveur de notre bibliothèque en voie de formation, d'un exemplaire de leurs livres ou de leurs tirages à part, même de ceux publiés anciennement. Ces dons seront mentionnés dans la Revue.

TABLE DES MATIÈRES